AF176192

Bibliografische Information der Deutschen
Nationalbibliothek
Die Deutsche Nationalbibliothek verzeichnet diese
Publikation in der Deutschen Nationalbibliografie,
detailierte bibliografische Daten sind im Internet über
http.//dnb.dnb.de abrufbar

Text und Bilder © 2022 by Rolf Gänsrich
Herstellung und Verlag: BoD – Books on Demand,
Norderstedt

ISBN 9783755753995

Frische Schnecken

eine neue Sammlung kürzerer Texte

von Rolf Gänsrich

Vorwort
Rolf Gänsrich am 23.3.2022

Die Veröffentlichung meiner beiden gesammelten Werke von Kurzgeschichten und Gedichten ist mittlerweile fast zwei Jahre, die der Radiotexte etwa anderthalb Jahre her. Die neuen Texte, ...jedes für sich, als eigenes Buch, dafür ist es zu wenig. Gesammelt hab ich auch ein paar Haushaltstipps und die Gerichte, die ich selbst koche. Für ein "richtiges" Kochbuch ist auch das zu wenig. Warum dann nicht das, was an Material alles da ist, zu einem neuen Buch zusammenfassen, mit vielen bunt gemischten Texten? Zuerst das "Kochbuch", dann die Edelsteine der Radiotexte, die seit dem Redaktionsschluss für meine Radio-Anthologie angefallen sind. Und schließlich Texte und Gedichte, die seit den beiden genannte Bänden zustande kamen. Das ist die Idee dahinter. Und wie bei all meinen bisherigen Büchern, so gilt auch hier: es gibt drei Arten der Rechtschreibung, die alte, die neue und meine, ... das gilt insbesondere für die mundartlichen Texte.

Als eigene Erinnerung für einen möglichen Folge-Band dieser "Resteküche" sei mir der Hinweis gestattet, daß ich hierfür bis Einschließlich der 1018. Ausgabe des OKbeat am 24.3.2022 und für Rockradio.de bis zur 383. Ausgabe von „pommes-rot-weiß" vom 22.3.2022 die Sendemanuskripte zusammengesammelt hab.

Schnell kochen mit Rolf
Gerichte und Haushaltstipps
Rolf Gänsrich 4./17.1./ab 5.2.2022 – 26.3.2022

Vorwort

Das ganze war mal geplant als kleine zusätzliche Serie für die Prenzlberger Ansichten. Einleitung und das erste Gericht waren quasi die Pilotfolgen. Wenn ein Produzent sich in Radio oder TV eine neue Serie ausdenkt, macht er meist erstmal einen "Piloten", um zu sehen, ob der zunächst einmal bei möglichen Abnehmern der Serie ankommt. Unter Umständen muss man damit sogar Klinken putzen gehen. Diese Abnehmer machen dann aber auch erstmal noch eine Vorführung vor Testpublikum und erst wenn diese beiden Vorstellungen okay sind, wird die Serie produziert. Die Einleitung und das erste Gericht floppten bei der Zeitung sofort, bei einigen meiner Testleser jedoch nicht und so hab ich mich entschlossen, immer dann, wenn ich mir ein neues Gericht ausgedacht oder ein altes Wiederbelebt hab, es mal aufzuschreiben und daraus ein Büchlein für den Singlehaushalt zu machen, der neben Zeit vor allem Geld sparen will oder muss

Zeitungseinleitung

Ich hab jahrelang im Lebensmitteleinzelhandel gearbeitet und bin anschließend durch einige Großküchen und Restaurants als ungelernter Koch getingelt. Außerdem lebe ich seit fast vierzig Jahren allein und legte dennoch über die Jahre an Gewicht zu. Erstaunen ruft immer hervor, wenn ich mal in einer Runde erzähle, dass ich für mich allein koche. Und so möchte ich ab diesem Monat in jeder Ausgabe ein kleines Rezept für Sie hier parat haben. Das ist selten vegan, ist überwiegend internationale Küche, basierend auf deutscher Hausmannskost, mit hohen Anteilen an Teilfertigprodukten.

Es sind immer die Angaben für eine Person für eine Mahlzeit für einen Tag oder bei Eintöpfen auch für zwei Tage.

Es kommt nicht darauf an, immer warm, sondern eher abwechslungsreich zu essen, und da kann es dann auch mal was Kaltes zum Mittag sein. Wollen Sie abnehmen, hab ich nur einen guten Rat für Sie: f.d.H.! Morgens und Abends nur je eine Scheibe Brot, keine Schmiere unter den Belag, zum Mittag den Teller nur halb voll, keine Zwischenmahlzeiten und als Betthupferl eine Hand voll Obst. Als Getränk Saftschorle oder Getränkegrundstoffe mit Mineralwasser. Sirups gibt's mittlerweile in unübertrefflich vielen Sorten.

Fisch oder was?

Und nun zu unserem ersten Gericht.

In eine Auflaufform geben sie einen Tupfer Öl und ein gefrorenes Pangasius- oder unpaniertes Alaskaseelachsfilet. Mit hinein ein Viertelpfund halbierte / geviertelte frische Champignons, es darf statt dessen auch eine halbe, geschälte und gewürfelte Aubergine oder Zucchini sein. Auf einem Stück Backpapier verteilen Sie eine Hand voll gefrorener Pommes. Mit beidem in den Backofen und auf die oberste Schiene. Die mittlere Heizstufe wählen. Haben sie den Ofen 5 min vorgeheizt, reichen 20 min, haben sie ihn nicht vorgeheizt 22 min beides backen und im geschlossenen Ofen nochmals ca. 5 min abkühlen lassen. Beides auf einen flachen Teller. Dazu noch ein Teelöffel voll Majo und / oder Ketchup, in das sie beim essen das Gemüse und die Pommes tunken.

Nudeln mit Rindfleisch

Im Filmklassiker "Drei Männer im Schnee" nach dem gleichnamigen Roman von Erich Kästner wird von der guten Hausmannskost geschwärmt und davon, dass der eine der beiden Hauptprotagonisten gern "Nudeln mit Rindfleisch" isst. Hier zwei Versionen, die Sie aber beide innerhalb einer Woche kochen sollten.

Es gibt im Supermarkt so Gläser mit fertigem Rindfleisch-, Geflügel- oder Gemüsefonds. Deren Inhalt ist doppelt konzentriert. Das heißt, das Zeugs ist verdammt salzig und man muss es deshalb mit der doppelten Menge Wasser zusätzlich zur Einlage kochen. Wenn Sie als Single ein komplettes Glas mit rund 350 ml Inhalt mit Wasser verdoppeln und noch die Einlage dazu geben, dann haben sie einen Liter Suppe, an dem sie mindestens vier Tage zu tun haben und die Fleisch-Einlage darin ist etwas dürftig. Nun mag ich Gemüsebrühe nicht und Geflügel ist mir zu labberig, deshalb bleib ich bei Rind.

Sie kochen zweimal, mit einigen Tagen Abstand dazwischen. Grundstoff für alle Eintöpfe bei mir ist im Topf glasig angeschmorte, gewürfelte Zwiebel, die in dem Moment, wo sie glasig wird, noch mit zwei Teelöffeln Rohrzucker karamellisiert wird. Für die erste Mischung holen sie sich ein Viertelpfund (125 g) Rinderhack vom Fleischer, oder ein Pfund abgepackt im Supermarkt (den Rest des Rinderhack portionieren sie in gleiche Teile und frieren es ein, falls sie wieder einmal diese Suppe kochen).

Das Rinderhack schmoren sie nun mit der Zwiebel an und geben dann nur ein halbes Glas des genannten Rinderfonds hinzu. Beachten sie, dass das im Glas oben abgesetzte Fett und das darin enthaltene Fleisch im Glas verbleiben. Das nehmen sie dann für die zweite Mischung. Das Glas für diese zweite Mischung stellen sie bitte in den Kühlschrank. Sie sollten diese zweite Mischung innerhalb einer Woche verbrauchen.

Den Fond in beiden Fällen im Topf dann bitte unbedingt mit mindestens der doppelten Menge Wasser auffüllen, besser mit der anderthalbfachen Menge dessen, was sie aus dem Glas entnommen haben. Nun wieder zwei Varianten. Will man später bereits mit Suppengemüse versetztes Tomatenmark hinzu geben oder nur einfaches Tomatenmark, das nur aus Tomate besteht. In beiden Fällen ist es salzig. Deshalb nochmal ein halbes Trinkglas Wasser zugeben. Bei einfachem Tomatenmark ein oder zwei Teelöffel voll getrocknetem Suppengemüse hinzu.

Ist das im Tomatenmark bereits enthalten, lassen sie es hier weg. In dem Suppengemüse sind Sellerie, Petersilie, Möhre, Lauch usw. Das gibt dem ganzen einen runden Geschmack. Nachdem sie das einmal kurz aufgekocht haben, geben sie jetzt das Mischgemüse dazu. Das kann eine Dose oder eine Hand voll gefrorenen Gemüses aus dem Tiefkühlfach sein. Nun geben sie eine Hand voll Suppennudeln dazu.

Vorsicht mit Fadennudeln, die nur kurz aufkochen, alle anderen, ca. fünf Minuten leicht köcheln lassen. Am Ende geben sie noch wegen der Sämigkeit und wegen der Farbe, das Tomatenmark dazu. Sie können auch noch etwas Paprikapulver oder eine Messerspitze Chilipaste beim kochen dazu geben. Nach dem kochen abkühlen lassen. Das ganze reicht für zwei Tage. Am zweiten Tag kochen sie es einfach nur einmal kurz auf.

Nun können sie ja zwei Tage lang etwas anderes essen, fertige Pizza aus der Tiefkühltruhe oder sich einen Döner in der Dönerbude ihres Vertrauens schießen. Für die zweite Mischung der Nudeln mit Rindfleisch glasieren und karamellisieren sie wiederum als Suppenbasis die Zwiebeln. Nun geben sie die andere Hälfte des fertigen Rinderfonds aus dem Glas, mit der darin enthaltenen fleischigen Einlage und dem Rinderfett oben drauf, verdoppeln mit der anderthalbfachen Menge an Wasser und verfahren mit dem Suppengrün, dem Tomatenmark und den Nudeln wie bei der ersten Mischung. Auch hier reicht die Suppe zwei Tage.

Bratkartoffeln à la Gratin

Nehmen sie eine Gratinform und fetten sie deren Boden ein. In die Form schneiden sie eine Schicht einer Gemüsesorte, entweder Champignons oder Aubergine, Zucchini oder Schmorgurke hinein. Darüber geben sie eine Schicht vorgegarter Bratkartoffeln aus der Kühltheke. Schneiden sie zum Schluss entweder eine Scheibe Raclette- oder Toastschmelzkäste über das ganze. Salzen mit einer Brise "Aromat" oder "Fondor". Das alles auf der mittleren Schiene im Backofen bei mittlerer Temperatur rund 20 – 25 min garen. Eine Tüte der vorgegarten Bratkartoffeln reicht für etwa drei Tage / Mahlzeiten.

Toast Hawaii

Toastbrot auf beiden Seiten in einer Pfanne oder im Toaster leicht anrösten. In Schichten eine Scheibe Wurst (Salami, Kochschinken), eine Schicht gekochtes und geschnittenes Ei, eine Ananasscheibe, eine Scheibe leicht schmelzenden Käses (Schmelzkäse, Emmentaler, Romadour, Blauschimmelkäse). Im vorgeheizten Ofen auf Backpapier 10 – 12 min (bis der Käse zerlaufen oder angebräunt ist) garen.

Quark mit Leinöl

Das war mal ein "Arme-Leute-Essen" und ist heute das Superfood schlecht hin. Eine Packung Quark (nicht Magerquark, sondern 20 % Fett i. Tr., 40 % wird dagegen wiederum zu fett) mit etwa 100 ml (in einer Flasche sind meist 250 ml) Leinöl vermengen. Das sind die besten ungesättigten Fettsäuren, die es überhaupt gibt, die sind im Leinöl und Quark ist reines Protein. Das ganze salzen. Eine Zwiebel dazu kann man, muss man aber nicht, weil Zwiebel zu viel Eigengeschmack hat. Dazu Pell- oder normale Salzkartoffeln, die in beiden Fällen von einer mehlig kochenden Sorte sein sollten. Diese Quark-Leinöl-Mischung reicht für zwei Tage / Mahlzeiten. Das Leinöl setzt sich nach einem Tag übrigens auf dem Quark oben ab. Hab mal bei einer Markenmeierei nachgefragt, ob die Quark mit Leinöl nicht schon als fertige Mischung anbieten können, aber weil sich die beiden Produkte immer von einander absetzen, ist vermutlich die Herstellung dessen zu aufwendig, bzw. die potenzielle Käuferkaste dafür zu gering. Man kann Quark-Leinöl auch als Brotaufstrich verwenden oder als Dipp für Salzgebäck. Oder, noch einfacher, Leinöl pur von einer Untertasse mit Brot aufdippen. Es sättigt ungemein!

Tomatensaft aus Konzentrat
Ich hab Flugangst, trinke aber dennoch ganz gern mal Tomatensaft. Reiner, normaler Tomatensaft ist mir immer ein Stück weit zu teuer und mir ist dann auch ein ganzer Liter im Tetrapack von der Menge her zu viel. Woraus wird denn der hergestellt? Richtig, aus Tomatenkonzentrat. Und wo ist ganz viel Tomate als Konzentrat noch drin? Natürlich in Tomatenmark. Ich stelle mir meinen Tomatensaft immer selbst daraus her. In einem Glas Wasser einen gehäuften Teelöffel voll Mark auflösen, abschmecken mit Fondor/Aromat, Pfeffer, je nach Lust und Laune noch einen Spritzer Worcestersoße, Zitronensaft oder eine Messerspitze voll Chilipaste oder Paprikapulver dazu, alles verrühren, fertig. Statt des Tomatenmark kann man auch passierte Tomaten oder mit einem Pürierstab zerkleinerte Pizzatomaten nehmen, das mit Wasser im Verhältnis 1 : 1 mischen und wiederum mit den genannten Gewürzen abschmecken. Solch hergestellter Tomatensaft eignet sich, ohne Chili, auch hervorragend als Getränk bei Durchfall oder als cooler Drink an heißen Tagen, um mit den darin enthaltenen Salzen die an solchen Tagen etwas angeschlagenen eigenen inneren Depots an Mineralien wieder nachzufüllen.

Spaghetti nach Art "Berlin - Hauptstadt der DDR"

Maccaroni mit Tomatensoße war vermutlich das Lieblingsessen der meisten Ostdeutschen in ihrer Kindheit. Wobei es einen Mangel an Tomaten in der DDR gab und Ketchup oder Tomatensoße nicht zwangsläufig aus nur Tomaten bestehen musste, sondern oft mehr als die Hälfte darin Apfel- und Pflaumenmus (bei Fruchtketchup) oder Sellerie, Kohlrabi, Zichorie ("gemeine Wegwarte", "Chicorée") und Kohlrübe (Gemüseketchup) war. In Westdeutschland nahmen Ravioli aus der Dose diesen Platz ein. Nur in "Berlin – Hauptstadt der DDR" war mal wieder alles anders.

Alle halbe Jahre wälzte man in Westberlin die "Senatsreserven" an Lebensmitteln, die man sich seit der Berlin-Blockade 1948/49 einlagerte. Das, was dann mit seinem Mindesthaltbarkeitsdatum an seine Grenzen kam, wurde natürlich von Bolle, Reichelt, Spar oder Kaisers nicht an die Westberliner verkauft, sondern billig nach Ostberlin verscherbelt. Darunter waren immer güldene Büchsen. Man wusste nie so ganz genau, was darin und wer der Hersteller war, denn die Dosen hatten kein Etikett und keinen Aufdruck. Die größeren, darin war Schmalzfleisch vom Schwein, die nur halb so großen, die aber in Ostberlin zum selben Preis wie die mit Schmalzfleisch verkauft wurden, hatten Rindfleisch im eigenen Saft als Inhalt. Ich glaube 1,65 Mark kosteten die.

Diese Büchsen gab es nur etwa alle paar Monate und nur im Einzelhandel in Ostberlin. Und natürlich kochte, nicht nur das Fleisch darin, sondern die Gerüchteküche drum herum. Gut möglich, dass diese Senatsreserve für Westberlin sogar im "VEB Fleischkombinat Berlin" am Prenzlauer Berg, Ostberlin, hergestellt worden waren. Heute kommt es von den Firmen Dreistern oder Jola und hat einen Aufdruck. Spaghetti mit diesem Schmalzfleisch war in meiner Kindheit das bevorzugte Samstagessen im Sommer. Wir mussten Samstags für vier Unterrichtsstunden in die Schule und zwischen dieser und der zweieinhalb stündigen Fahrt in den Garten stand das schnelle Mittagessen bei Muttern. Auch später, als ich dann selbst bei der HO Samstags den halben Tag arbeitete, war das eine schnell gemachte Mahlzeit für diesen halben Wochenendtag. Das Rezept geht so: Spaghetti ganz normal kochen. Man kann auch Gabelspaghetti oder Spirelli nehmen. Nebenher in einer Pfanne eine Viertelbüchse Schmalzfleisch oder Rindfleisch im eigenen Saft, mit gewürfelter Zwiebel und einer gewürfelten Knoblauchzehe ohne zusätzliches Fett anbraten, bis die Zwiebeln glasig sind und die Pfanne dann vom Feuer nehmen. Nachdem die Nudeln fertig gekocht sind, die mit in die Pfanne geben und nochmal kurz erhitzen.

In einen tiefen Teller und je nach Geschmack noch etwas Worcestersoße und / oder etwas Tomatenmark darüber und mit Aromat / Fondor abschmecken. Da es in der DDR keinen Parmesan gab, haben wir damals etwas hart werden gelassenen Emmentaler Käse darüber gerieben und bis heute mische ich gern Parmesan im Verhältnis 1 : 1 mit, allerdings frischem, Emmentaler.

Gerste, Malz und Rindergalle

... nur eine kleine Nebenbeigeschichte ... war es, weil mal eine Hopfenernte in der DDR im Wortsinne verhagelt wurde, also es einfach nur eine schlechte Ernte wegen des Wetters gab oder war es, weil man Hopfen gegen dringend benötigte Devisen an westdeutsche Brauereien, vielleicht nach Bayern, verkauft hatte, jedenfalls berichtete mir mal ein Brauer, der an einer der Braustätten des "VEB Getränkekombinat Berlin" (dazu gehörten Ende der achtziger Jahre die Betriebsteile "Kindl" und "Spreequell" in der Indira-Gandhi-Straße, wo noch heute gebraut wird, "Schultheiß" in der Landsberger Allee, "Engelhardt" in Stralau am Bahnhof Ostkreuz, "Bärenquell" in

Schöneweide, "Bürgerbräu" in Friedrichshagen, dazu gehörte der Spirituosenhersteller "VEB Bärensiegel" mit mehreren eigenen Standorten, und das weinhaltige Getränk "Vipa" wurde weiterhin in einer Halle der ehemaligen Schultheiß-Brauerei in der Schönhauser Allee, heute "Kulturbrauerei", abgefüllt) arbeitete, dass es ab Mitte, ende der 1980er Jahre immer wieder mal Brauversuche mit Rindergalle als Zusatzstoff beim Bier gab, um Hopfen einzusparen. Durchaus möglich, dass im Sommer auch ganze Margen, ganze Brautanks mit einem Hopfen-Rindergalle-Gemisch gebraut worden sind.

Kassler ohne Jurke
Eine Scheibe Kasslerkamm in Stifte, Champignons in dicke Scheiben schneiden, Tomaten achteln. Alles neben einander in die Gratinform, eine Käsetoastscheibe darüber und alles für 20 min bei mittlerer Hitze auf der mittleren Schiene in den Ofen. Hinterher bitte nicht nachsalzen und auch kein Aromat/Fondor darüber, weil das Kassler schon salzig genug ist. Nach dem abkühlen, kurz vor dem Essen als Dipp etwas Ketchup/Majo/Chilipaste an den Rand gegeben.

... mit Meerrettich
Frischen Meerrettich putzen, im elektrischen Universalzerkleinerer so klein wie möglich hacken (wenn man ihn nur reibt, wird er zu grob) und mit der selben Menge Creme Fraiche verrühren. Einen guten Schuss ordentliches Olivenöl und einen halben Teelöffel Rohrzucker dazu geben, gut salzen und leicht pfeffern. Ergibt einen sehr würzigen und frischen Brotaufstrich. Statt Creme Fraiche können Sie auch Quark nehmen.
Und mit Creme Fraiche und Quark können Sie bei Zugabe von Getränkesirup und / oder Honig leckere Süßspeisen ganz schnell zubereiten.

Leberwurst

Schweine-, Rinder- oder Hühnerleber durchbraten, im Universalzerkleinerer hacken. Anschließend nach Gusto frische Zwiebel, Knoblauch oder saure Gurke ebenfalls hacken. Alles vermengen, als Gewürze Thymian, Salz, Pfeffer und einen gestrichenen Teelöffel Zucker dazu. Als Bindung etwas Schweineschmalz oder Butter in der Pfanne zerlassen und diese flüssig unter diese Masse heben.

Sie können bei kleinen Mengen, das bietet sich ja beim Singlehaushalt an, alles auf einmal im Zerkleinerer hacken und vermengen, ansonsten können sie auch mehrere Portionen hintereinander oder alles einzeln hacken und anschließend vermengen.

Nur mit gekochten Hühnerherzen, in der Pfanne durchgegartem Rindfleisch, Kammscheiben vom Schwein (mit dem eigenen Fett wegen des Aromas!) oder frischem, in diesem Falle nicht gegartem, Kassler kann man weitere Wurstsorten auf diese Art probieren. Dann gern auch Letscho mit einhacken.

Häckerle

Einen normalen Matjeshering mit einer kleinen Zwiebel, besser einer kleinen Schalotte, einer halben Gewürz- oder Salzgurke im Zerkleinerer hacken. Ein nur halb hart gekochtes Ei (das Eigelb kann noch zähflüssig, das Eiweiß muss aber hart sein) anschließend mit einer Gabel vorsichtig zerteilen und unterheben. Ein Schuss Olivenöl kann dazu gegeben werden, aber im allgemeinen ist der Matjeshering schon von selbst ölig genug. Mit Salz, wegen der Salzgurke darin, vorsichtig sein. Pfeffern, einen Schuss Essig (Balsamico) und einen gestrichenen Teelöffel Zucker dazu.

Mal schnell das Thema wechseln.

16

Kraftstoff sparen

Die Benzinpreise steigen ja fast im Minutentakt! Das BVG-Ticket für zwei Stunden ist mittlerweile fast schon preiswerter, als ein Liter Benzin, deshalb mal ein paar Sprit-Spar-Tipps!

Das hat man alles mal in der Fahrschule beigebracht bekommen, aber die wenigsten Menschen handeln auch danach. Als ich noch einen PKW hatte, hatte ich auch, das hab ich ja schon mein halbes Leben lang, immer sehr wenig Geld und hab mir deshalb diese Eigenschaften beim Fahren zu eigen gemacht.

- nutzen Sie soweit es geht Ihr Fahrrad oder ihre eigenen Beine für kurze Wege
- schaffen Sie Ihr Auto ab und steigen Sie um auf E-Roller oder aufs Kleinkraftrad (ein Kleinkraftrad verbraucht nur ein Drittel so viel, wie ein Auto)
- fahren Sie einen Kleinwagen, denn je größer das Auto, um so mehr Masse muss man beschleunigen und um so mehr Sprit verballert man
- vermeiden Sie unnötige Überholmanöver, also lassen Sie es, vor Kreuzungen noch den Radfahrer oder das Kleinkraftrad zu überholen, um es dann noch auszubremsen
- fahren Sie vorausschauend, also wenn sie die Ampel da vorn sowieso nicht mehr bekommen, brauchen sie nicht noch andere Verkehrsteilnehmer zu überholen, viel sinniger ist doch, an der nächsten Ampel so anzukommen, dass man gleich im zweiten Gang weiter fahren kann
- versuchen Sie wenn es geht ein Schaltfahrzeug zu fahren, denn dabei können Sie auch mal auskuppeln und einen Hang einfach hinab rollen ... bzw. ...
- fahren Sie leicht untertourig, also schalten Sie schnell rauf, der zweite Gang zieht schon bei

besserer Schrittgeschwindigkeit, der dritte Gang bei knapp 20 km/h und mit dem vierten Gang kullert man bereits bei gut 50 km/h ganz bequem ... deshalb der Schaltwagen

- Benutzen Sie so wenig elektrische Energiequellen in ihrem Wagen, wie es geht, das braucht alles Ihre Lichtmaschine nicht zu laden und lassen Sie, wenn es irgend geht, Ihre Klimaanlage aus
- achten Sie auf Ihren korrekten Reifendruck, ... zu wenig Druck heißt, die Reifen haben eine höhere Auflagefläche auf der Straße, die Reibung erzeugt und mehr Reibung heißt, mehr Energie zur Fortbewegung
- bilden Sie Fahrgemeinschaften auf dem Weg zur Arbeit
- befreien Sie im Winter Ihr Fahrzeug komplett von Schnee und Eis, denn die erhöhen die Fahrzeugoberfläche, was zu mehr Luftreibung und zu mehr Verbrauch führt
- so ist es auch mit allem anderen, was Sie an Ihr Fahrzeug anbauen, ... Fuchsschwänze, Flaggen, oder weit geöffnete Fenster erzeugen viel Reibung, ein kleiner Fensterschlitz allerdings ist eine bessere Lüftung, als eine ständig laufende Klimaanlage
- machen Sie den Motor Ihres Fahrzeugs an Schranken oder im Stau einfach aus

Das mal soweit dazu.

Putzmittel selbst herstellen

Das geht mit ganz einfachen Mitteln. Sie haben sicherlich noch irgend eine leere Sprühflasche für Glas-, Fenster- oder Badreiniger. Für Badreiniger gibt's folgendes Rezept: auf eine Flasche 0,5 l Inhalt geben Sie zwei Esslöffel Essigessenz, einen Tropfen Spülmittel und füllen das ganze mit Wasser auf. Wie gewohnt verwenden. Für Glas- und Fensterreiniger geben Sie einen Esslöffel Essigessenz, einen Tropfen Spülmittel hinein, füllen die Flasche bis zur Hälfte mit Spiritus und befüllen den Rest mit Wasser. Sie können in beiden Fällen auch sprudelndes Mineralwasser nehmen, dann füllen Sie die Flasche aber nur dreiviertel voll. Wie gewohnt verwenden. Beim Spiritus sein Sie bitte vorsichtig. Das ist ja vergällter Alkohol. Das Vergällungsmittel ist ein chemischer Zusatzstoff, der einen zum sich übergeben bringt, wenn man ihn trinkt. Weil darauf keine Branntweinsteuer erhoben wird und er nur als Industriealkohol Verwendung finden soll, ist das extra vergällt worden. Spiritus ist letztlich nur Ethylalkohol, der in jedem Wein, Rum, Cognac oder Whisky enthalten ist, auf den in diesen Fällen aber diese Alkoholsteuer gezahlt werden muss. Der Preisunterschied zwischen "Prima Sprit" oder "Labor-Trinkalkohol" und Spiritus macht das deutlich. Es ist beides die selbe Substanz mit derselben chemischen Formel, nur soll Spiritus nicht getrunken werden. Aber auch beim Vergällen gibt's noch einen Tipp. Es gibt welchen, der ist zwar vergällt, aber geruchsneutral. Wenn Sie damit ihre Wohnung putzen, nehmen sie diesen. Um in ihrer Heimwerkstatt Werkzeuge zu reinigen, dafür können sie den anderen nehmen. Schon der Geruch des nicht geruchsneutralen Spiritus ruft sonst schon Übelkeit hervor.

Fenster und Fliesen putzen
Oh, was gibt's da für schöne, teure Lappen von Vileda, Omo, Bosch, Eduscho oder wie die Marken alle heißen! Sparen Sie Sich die! Fenster oder Fliesen mit der eben genannten Flüssigkeit einsprühen und das statt mit einem Lappen nur mit Zeitungspapier abreiben. Beim Zeitungspapier bitte kein Hochglanzpapier nehmen, sondern eine Tageszeitung, die relativ viel Druckerschwärze enthält, denn das putzt sich besser. In der DDR nahmen wir dafür

die russische Prawda oder das Neue Deutschland, heute kann ich BILD, BZ oder Kurier wärmstens empfehlen. Eine Seite zu einer losen Kugel knüllen und wenn sich das Papier mit Flüssigkeit voll gesaugt hat, die nächste Seite nehmen. Die Prawda eignete sich im übrigen auch dazu, mit losem Tabak daraus Zigaretten zu drehen, denn die viele Druckerschwärze darin, verklebte das Papier nach dem Anfeuchten mit der Zunge beim drehen.

Desinfektionsmittel für die Hände
Was? Das ist im Supermarkt gerade wieder einmal ausverkauft? Mischen Sie flüssige Handseife mit Spiritus! Auf einen Teil Handseife geben Sie drei Teile Spiritus. Geben Sie am Ende noch ein oder zwei Esslöffel Olivenöl dazu, damit es hautverträglicher wird.

Hefekuchen
Zucker, Backmargarine- oder Butterflocken, Gewürze wie Salz und je nach Geschmack Zitronen-, Mandel- oder Vanillearoma (Vanillin, Vanillezucker oder ein Stück zerriebener Vanilleschote) mit einem Pfund (500 g) Weizenmehl und einem halben Liter Milch (man kann auch Wasser und Milchpulver nehmen) zusammen mit einem Würfel Frischbackhefe (schmeckt besser) oder einer Tüte Trockenhefe zu einem geschmeidigen Teig verrühren.
Man kann auch noch ein oder zwei Eier dazu geben, braucht dann aber mehr Mehl oder man nimmt weniger Milch. Das alles also verrühren. Je mehr Zucker Sie nehmen (belassen Sie es bei rund 100 g), um so besser geht der Teig dann auf. Und lassen Sie bitte um Himmelswillen die Finger von Stevia oder Zuckerersatzstoffen, denn die Bakterien in der Hefe benötigen unbedingt den Zucker! Also diesen Teig in eine Schüssel geben, mit einem Geschirrtuch abdecken, an einen warmen Ort stellen und etwa zwei Stunden lang gehen lassen. Den Teig nun einmal durchkneten und auf einem

unbedingt gefetteten Backblech gleichmäßig verteilen. Ein Nudelholz ist dabei hilfreich, eine Bierflasche ohne Etikett oder einfach nur die Knöchel der eigenen Hände tun es auch. Den Teig nun erneut für eine knappe halbe Stunde gehen lassen.

Butter-, Zuckerkuchen, einfacher Honigkuchen
Diesen Hefeteig unmittelbar nach dem ausrollen auf dem Blech, je nachdem, was man nun will, entweder mit Butterflocken oder Kunsthonig bestreichen, bei Zuckerkuchen gern Rohrzucker, sonst einfache Raffinade aus weißem Rübenzucker dick über den Teig streuen, dann eine halbe Stunde gehen lassen. Und hinein damit in den Ofen.

Obstkuchen
Rhabarber-, Pflaumen-, Apfelkuchen
Auf den zwanzig Minuten gehen gelassenen Hefeteig auf dem Blech kommt nun das Obst.
Rhabarber schälen, würfeln und gleichmäßig auf dem Blech verteilen, eine dünne Schicht Zucker oder Vanillezucker darüber verteilen. Gern auch noch Rosinen (Korinthen oder Sultaninen) darüber geben.
Pflaumen, am besten Bauernpflaumen, halbieren. Ob sie die längs oder quer schneiden, überlasse ich Ihnen. Schneiden sie die quer zum Kern, wird der Belag dicker und Sie brauchen mehr Pflaumen. Schneiden Sie längs, können sie dünner legen. Darüber eine Schicht Zucker. Wenn Sie eingeweckte Pflaumen aus dem Glas nehmen, die bitte vorher in einem Sieb abtropfen lassen, sonst wird der Kuchen beim backen zu matschig. Sie können gern auch noch eine hauchzarte Prise Zimt über dem Blech verteilen.
Äpfel entkernen und in dünne Scheiben schneiden. Sie können die Äpfel auch noch schälen, aber ohne Schale verliert der Kuchen sein Aroma. Mit den Apfelscheiben nun

den Kuchen belegen. Sie können das nur mit einer Schicht machen, sie können, das können sie auch mit längs geschnittenen Pflaumen machen, ihn schuppenförmig, wie beim Dach decken, belegen. Zucker und so Sie es mögen Sultaninen oder Korinthen darüber. Damit die Apfelscheiben nicht braun werden werden, nun einen Spritzer Zitronensaft über den Äpfeln verteilen. Auch hier gern noch etwas Zimt über das Blech stäuben.

Für die ganz Faulen (man ist ja nie faul, man ist nur sehr Energieeffizient) unter Ihnen, man kann auf das Geschnippel verzichten und statt dessen den Hefeteig einfach nur mit Apfelmus bestreichen.

Die Kuchen bei starker Ofenhitze eine halbe Stunde lang backen.

Sie können auf das Bestreuen mit Zucker vor dem Backen verzichten und den Kuchen nach dem Backen, wenn er auf Zimmertemperatur abgekühlt ist, statt dessen mit Zuckerguss bestreichen. Aber sein wir mal ehrlich, Hefekuchen schmeckt doch am besten, wenn er noch warm ist! Ganz am Ende vorsichtig etwas Rum darüber träufeln.

Gänsebraten

Am weihnachtlichen Gänsebraten können Sie selbst als ungeübter Single nicht viel falsch machen, denn er gelingt eigentlich immer. Nachdem zu Ostern 2008 meine Mutter verstorben war und ich Vaddern, der knapp zwei Jahre nach ihr starb, nicht damit belästigen wollte, war die erste Überlegung, mich an Weihnachten von einem Restaurant mit einem fertigen Gericht beliefern zu lassen. Zunächst jedoch startete ich einen Versuchsballon und testete meine eigenen Kochkünste am 1. Advent desselben Jahres. Und siehe da, es schmeckte wie bei Muttern.

Als Single brauchen Sie dafür keine ganze Gans. Wer das Fleisch eher saftig mag, holt sich Gänsekeulen, wer es garantiert ohne Sehnen mag, holt sich eine Gänsebrust. Die

Gänsekeulen sind immer zu zweit abgepackt und so reicht es im einen, wie im anderen Fall für zwei Tage.

Gänsebrust- oder -keule einen Tag vor der Zubereitung aus dem Tiefkühlschrank nehmen und im normalen Kühlschrank langsam über Nacht in einer Schüssel auftauen lassen. Am nächsten Tag das Fleisch aus der Verpackung nehmen, gut unter fließend Wasser abspülen und von allen Seiten, bei der Brust auch von innen, gut und reichlich salzen.

Mit Bratfett oder besser Olivenöl in den Bräter, es kann auch ein sehr großer Kochtopf sein geben. Eine gewürfelte Zwiebel, zwei Esslöffel getrocknetes Suppengrün, ein Stängel Beifuß, etwas Thymian und Majoran, gern auch getrocknet, da mit hinein und etwa einen halben Liter Wasser.

Wegen des fruchtigeren Geschmacks können Sie auch gern noch zwei oder drei Esslöffel roten oder weißen Balsamico-Essig mit hinzu geben. Den Ofen nun schon vorheizen. Den Topf oder Bräter nun erst mal auf ein normales Kochfeld stellen, bis das Wasser im Topf kocht. Nun einen Teelöffel voll Zucker über Brust oder Keule verteilen und das alles in den Ofen. Die Kochzeit beträgt bei mittlerer Hitze etwa zwei Stunden insgesamt. Nach der ersten halben Stunde sollten sie Brust oder Keule einmal komplett drehen, damit das Fleisch wirklich von allen Seiten gar wird.

Nach einer weiteren halben Stunde erneut drehen. Vor Beginn der letzten halben Stunde nachschauen, ob noch genug Wasser im Topf/Bräter ist. Wenn nicht, nochmal einen guten Viertelliter langsam nachgießen. In dieser letzten halben Stunde den Deckel vom Topf / Bräter abnehmen und das Fleisch für eine natürliche Bräune mit Zuckercouleur mit einer Prise Zucker und etwas gesüßtem Paprikapulver bestäuben.

In dieser letzten halben Stunde können Sie den Rest Ihres Weihnachtsbratens zubereiten, also Salzkartoffeln oder

Kartoffelklöße im Kochbeutel kochen. Mir schmeckt wegen seiner Herbe Grünkohl zur Gans immer am besten. Grünkohl gibt's fertig im Glas und man braucht ihn nur aufzuwärmen.

Entenbrust

Mach ich mir gern mal im Advent. Man kauft sie am besten gefroren und taut sie langsam einen Tag vor der Zubereitung im Kühlschrank auf. Statt eines Bräters nimmt man eine Auflaufform. Salzen wie die Gans. Ein Löffel getrocknetes Suppengrün hinein und etwas Olivenöl mit in diese Form. Statt des Wassers nehme ich gern einen süßen Apfelcidre, Weiß- oder am besten Rotwein. Ein Viertelliter Flüssigkeit sollte es auf jeden Fall sein. Das ganze in den vorgeheizten Ofen, mittlere Hitze, obere Schiene. Nach zwanzig Minuten nachschauen, ob noch genug Flüssigkeit in der Form ist. Nach etwa vierzig Minuten ist das Fleisch garantiert durch. Nebenher die Sättigungsbeilagen (Kartoffeln oder Klöße) kochen. Als Gemüse empfehle ich zur Ente Rotkohl, den es auch schon (fast) fertig im Glas gibt. Den Rotkohl in einen Topf. Einige Nelken mit hinein geben. Nur vorsichtig nachsalzen, weil die Hersteller ihn bereits gern vorsalzen. Um den Rotkohl fruchtiger zu machen kann man ihn entweder mit einem Drittel seiner Masse mit Apfelmus oder Apfelkompott aus dem Glas/Dose vermengen oder man gibt ein Glas Cidre, Rot- oder Weißwein dazu und kocht das ganze einmal für rund drei Minuten auf.

Frische Salate
Rucola

Das ist der mit dem aufwendigsten Dressing. Rucola waschen, abtropfen lassen In einer Variante kann man jetzt Bauchspeck in seinem eigenen Fett anbraten und ihn samt seinem flüssigem Fett, nach leichtem abkühlen über dem Rucola verteilen. Mag man Speck nicht, hobelt man statt dessen ganz am Ende etwas Parmesan über den Salat. Das Dressing bereiten wir aus Olivenöl zu, etwas weißem oder rotem Balsamico-Essig. Man gibt einen gehäuften Teelöffel voll mit normalem Senf dazu, pfeffert und salzt. Eine Prise Zucker kann mit hinein. Und verrührt das alles, bevor man es über den Rucola gibt. Anschließend noch geröstete Pinienkerne darüber und, siehe oben, hobelt man, wenn man wie ich die Speckvariante nicht wirklich mag, Parmesan darüber.

Kopfsalat, Salatherzen, Eisbergsalat, Chicorée, Romana/Römer, Endivie, Lollo Rosso ... ...
Waschen, zerkleinern und dann das einfachste Dressing der Welt: zuckern und Buttermilch oder Kefir darüber. Ich kenne es auch statt dessen mit saurer Milch, aber saure Milch ist nicht jedermanns und auch nicht meine Sache.

Feldsalat, Salatsprossen
waschen, salzen, pfeffern, Olivenöl und Balsamico-Essig darüber. Kräuter stören nur.

Eisbergsalat oder Chicorée die andere Variante
Waschen, schneiden, mit Zucker leicht bestäuben, aber jetzt: Tunfisch im eigenen Saft (nicht in Öl) darüber. Abschmecken[1] mit Pfeffer, Salz, Olivenöl und Balsamico-Essig.

---

1 Ein Profi-Koch weiß im allgemeinen, was er da tut und schmeckt nicht während des Kochens ab, weil sich das Aroma vieler Gewürze erst nach dem Kochen oder im Falle von Salaten, nach einem gewissen "eine Zeit lang ziehen lassen" entfaltet. Ich schmecke nie ab! Insofern bedeutet "abschmecken" hier im Buch: Salz und Pfeffer nach Gefühl dazu geben.

Tomate-Gurke

Zu gleichen Mengen Tomate, Salatgurke, Mozzarella würfeln. Durchwachsenen Speck würfeln und in der Pfanne bei wenig Fett knusprig braten. Eine Schalotte oder eine kleine Zwiebel würfeln. Eine Knoblauchzehe zerhacken. Salz, Pfeffer, eine Prise Zucker dazu und alles vermengen. Zum Schluss noch Olivenöl und Balsamico-Essig darüber. Das ganze, wenn es geht, einen halben Tag lang ziehen lassen.

Bohnensalat

Grüne Bohnen durchgaren. Eine Knoblauchzehe und eine Schalotte hacken und unter die Bohnen mengen. Bohnenkraut dazu und, hier passt es am besten, gewürfelten Speck knusprig braten. Salz, Zucker, Pfeffer, Raps(!)-Öl und wegen der Fruchtigkeit wieder einmal Balsamico-Essig darüber. Bitte einen halben Tag lang ziehen lassen. Man kann auch Weiße-, Große-, Feuer- oder Kidneybohnen nehmen. Auch die bitte durchgaren, jedoch die Grüne Bohne ihrer Schale lassen.

gekochte Salate
Nudelsalat

Gabelspaghetti normal kochen. Fein gewürfelten, durchwachsenen Speck oder Kasslerkamm in einer Pfanne bis zum knusprig sein rösten und in die noch heißen Nudeln geben. Eine kleine Dose Erbsen oder Mischgemüse gleichfalls unter die heißen Nudeln mischen. Würzen mit einer halben Zehe geriebenen Knoblauchs. Eine sehr fein gehackte Zwiebel kann man, roh, geröstet oder glasiert, mit hinein geben. Für die Fruchtigkeit auch gern noch eine gehackte, kleine Salzgurke, oder, besser, ein, zwei Löffel Mixed Pickles. Wer es scharf mag, kann noch eine Chili-Schote mit hinein. Salzen, pfeffern, etwas getrockneten Majoran oder Thymian dazu. Nun noch, nur zum Binden, ein wenig Mayonnaise dazu geben. Wer Majo nicht mag, der bindet "nach Berliner Art" mit Balsamico und Olivenöl. In der Schüssel, bei regelmäßigem umrühren, mindestens einen halben Tag lang ziehen lassen.

Reissalat
Wie Nudelsalat, zubereiten, nur statt des Nudeln halt Reis dazu nehmen.

Kartoffelsalat
Eine vorwiegend festkochende Sorte nehmen, kochen, pellen, in Scheiben schneiden. Wie oben, fein gewürfelten Speck oder Kassler anrösten. Auch hier gehackte Zwiebeln roh, blanchiert, karamellisiert oder geröstet dazu geben. Bei Bratkartoffeln kann man das auch gern mit einer halben Knoblauchzehe machen. Pfeffern, salzen, Majoran oder Thymian dazu. Und zum Binden etwas Mayonnaise oder Remoulade dazu. Wer beides nicht mag, macht es auch hier wieder "nach Berliner Art", mit Balsamico-Essig, Olivenöl und hierbei kann auch eine kleine, gewürfelte Dill-, Salz- oder Gewürzgurke mit hinein.

Kaffee rösten
Rohkaffee bekommt man im Internet zu kaufen. Er ist allerdings erheblich teurer, als fertige Röstkaffeebohnen. Dennoch ist es ein absolutes Dufterlebnis, ihn mal selbst zu rösten. Weil beim Rösten die äußere Haut der Bohnen etwas verbrennt, kann dabei möglicher Weise Rauch entstehen. Schalten Sie deshalb bei dieser Tätigkeit ihren Rauchwarnmelder vorübergehend ab.
Eine Schicht Bohnen in eine beschichtete Pfanne geben, besser weniger oder nur die Menge, die sie jetzt gerade brauchen. Auf gar keinen Fall Öl oder Fett in die Pfanne! Einen Eierbecher voll Wasser statt dessen mit hinein geben. Erhitzen, bis das Wasser verdampft ist und wieder auf kleine

Flamme gehen. Die Bohnen dabei immer mal umrühren. Wenn man es mag, kann man jetzt gern ein Schnapsglas voll Rum, Cognac, Rot- oder Weißwein dazu geben. Weiter auf kleiner Hitze bleiben, bis die Flüssigkeit verdampft ist. Auf gar keinen Fall große Hitze nehmen, denn Alkohol entflammt bereits bei rund 60°C, in der Pfanne sind jetzt aber mindestens 100°C. Hab mir dabei so einige male bei plötzlichen Stichflammen aus der Pfanne Haare und Augenbrauen versengt!

Wenn diese Flüssigkeit jetzt verdampft ist, auf mittlere Temperatur gehen. Das wird jetzt richtig heiß! Rühren Sie weiter mit einem Holzlöffel. Es kann sein, dass jetzt einige der Bohnen zu knacken beginnen und in der Pfanne herumspringen. Wenn die Böhnchen jetzt "kaffeebraun" werden, sofort runter mit ihnen vom Herd, sonst verbrennen sie und langsam abkühlen lassen.

Da es in Deutschland nur noch einen Hersteller gibt, der melangierte, geröstete Bohnen anbietet[2], können Sie die Bohnen auch selbst karamellisieren Wenn die Bohnen beginnen, hauchzart braun zu werden, streuen sie vorsichtig etwas Zucker, gern Rohrzucker, mit in die Pfanne hinein und mischen ihn mit den Bohnen. Ab 135°C schmilzt Zucker, ab 150°C karamellisiert er, bleibt aber noch geschmacksneutral. Sie können das ganze schon jetzt aus der Pfanne schaben (es ist zähflüssig) oder sie erhitzen das ganze weiter bis auf 165°C / 170°C, dann wird der Zucker dunkel und bekommt ein rauchiges Aroma. Aber Vorsicht, denn bis zum verbrennen des Zuckers fehlt nun nicht mehr viel und da die Kaffeebohnen eine gewisse Eigenhitze haben, ist es Ratsam, alles schon beim karamellisieren aus der Pfanne zu nehmen. Es dunkelt dann nach. Auf gar keinen Fall geben Sie die gerösteten Kaffeebohnen, ob melangiert oder nicht, von der Pfanne direkt in ein

---

2 Rondo

Plastikgefäß, denn das Plaste schmilzt sofort. Ein Glas oder Keramikbehälter ist jetzt auch noch ungeeignet, weil er durch die Hitze zerspringen kann. Die Menge an Kaffee, die sie jetzt brauchen, füllen sie am besten sofort in die Kaffeemühle, den Rest lassen Sie auf einem Holzbrett etwa zwanzig Minuten auskühlen und können ihn nun in einem Schraubglas verwahren. Den noch heißen Kaffee in der Mühle mahlen Sie sofort und brühen ihn auch unverzüglich auf! Einen leckereren Kaffee haben Sie noch nie getrunken, das garantiere ich Ihnen!

gebrannte Mandeln
Die Mandeln, es sollte eine süße Sorte sein, so karamellisieren, wie die Kaffeebohnen. Möchten Sie einen besonderen Geschmack, dann kochen Sie die Mandeln anfangs in der Bratpfanne in einem Schnapsglas voll Rum oder Cognac und verfahren wie beim Rohkaffee weiter.

Haferbonbons
Haferflocken in der Pfanne rösten (also ohne Zugabe von Fett) und sie mit Zucker karamellisieren

Kartoffelsuppe
Mehlige Kartoffeln kochen, pellen, stampfen. Speck oder Kassler würfeln und rösten. Eine Zwiebel würfeln und karamellisieren. Gern eine kleine, halbe Knoblauchzehe gewürfelt karamellisieren. Kartoffeln, Zwiebel, Knoblauch, Fleisch zusammen in einen Topf geben. Mag man es sehr hell, kann man nun fettarme Milch hinein geben. Aber Milch setzt schnell an. Wasser wäre besser. Nun noch frischen, gehackten Liebstöckel (im Volksmund "Maggi-Kraut") mit hinein. Aber zurückhaltend damit umgehen, sonst schmeckt die ganze Suppe am Ende nach Maggi. Salzen, Pfeffern, eine Prise Muskatnuss hinein reiben. Alles einmal aufkochen. Und nun, nur für die Farbe, etwas

Milchpulver und ein paar Butterflocken mit hinein geben. Die Suppe vor dem Verzehr am besten einen halben Tag lang im Kühlschrank ziehen lassen.
Wie sagte doch Witwe Bolte bei Max & Moritz von Wilhelm Busch:
"Wofür sie besonders schwärmt,
wenn es wieder aufgewärmt."

Rhabarberkompott
Frischen Rhabarber schälen und würfeln. Mit so viel Wasser, dass die Stücken gerade so eben darin schwimmen, im Topf aufsetzen. Pro halben Liter je eine Tüte Vanillezucker dazu. Gern noch ein oder zwei Esslöffel Rohrzucker und einen Spritzer Rum mit hinein. Einmal kurz aufkochen und bis zum Laufwarmen abkühlen lassen (ca. 30 min). Nun eine Hand voll Sago dazu. Alles nochmal soweit erhitzen, bis es kocht und dann sofort wieder vom Herd. Nun abkühlen lassen und verzehren. Wenn man Sago länger kocht, zerfällt er nämlich.
Mit Sago kann man auch aus Kirschen oder Pflaumen auf diese Weise Kompott machen.

Buletten
Hackfleisch halb und halb (also Rind und Schwein oder Rind und Hammel oder Hammel und Schwein), eine Zwiebel oder Schalotte und eine Knoblauchzehe fein würfeln. Je nach Menge ein oder zwei Eier mit dazu. Gerne eine halbe Schrippe, es kann sogar eine von gestern sein, in Wasser einweichen, bis die Schrippe gesättigt ist. Die mit unter die Masse aus Hack-, Zwiebel, Knoblauch und Ei mengen. Nun Semmelmehl dazu und alles möglichst mit den Händen soweit durchwalken, bis eine geschmeidige Masse entstanden ist. Das ganze nun mit Salz, Pfeffer, Paprika, Zucker würzen und je nach Note, etwas Tomatenmark oder einige Esslöffel Senf mit unter rühren.

Wer es saftig mag, kann obendrein ein paar Flocken Schweineschmalz mit hinein geben. Nochmal alles walken und wenn nötig weiteres Semmelmehl dazu geben. Ist die Masse geschmeidig genug, das ist sie, wenn sie an den Fingern kaum noch klebt, aber beim Formen der Buletten dennoch nicht auseinander fällt, flache Kugeln formen und die Buletten in der Pfanne abbraten.

Spargel

Ja, weißer Spargel schmeckt besser als grüner, aber da ich Spargel schälen nicht mag, kauf ich den grünen lieber.
Den Spargel waschen, das holzige Ende abschneiden, die Stangen halbieren und in Wasser legen, so dass diese wundervollen Spargelstangen gerade so eben mit Wasser bedeckt sind, besser ist es aber, diese Stangen in ein feuchtes Tuch zu legen. Nun zuerst die abgeschnittenen holzigen Enden ca. eine halbe Stunde in Salzwasser kochen. Diese Enden dann mit einer Schöpfkelle heraus nehmen und nun die zum Verzehr bestimmten Spargelstangen in diesem Wasser sehr kurz kochen, damit sie knackig bleiben. Ich mag beides, sowohl die fertige Sauce Hollondaise aus dem Tetrapack, als auch nur in Butter kurz angebratenes Semmelmehl. Dazu Salzkartoffeln und ein erwärmtes, vorgegartes Schnitzel aus dem Supermarktregal.

Natürlicher Sauerteig

Ist nichts anderes, als schlecht gewordener normaler Teig. Es gibt im Internet Händler, die ihn selbst gemacht anbieten. Wenn Sie ihn nicht selbst machen wollen, kaufen Sie den. Das was es im Biosupermarkt als angeblichen Sauerteig gibt, ist meist keiner, denn er ist mit Wein-, Zitronen- oder Ameisensäure hergestellt und nicht selbst gereift. Außerdem hat er Konservierungsstoffe, damit er sich ein paar Tage dort im Supermarkt hält. Wäre es natürlicher Sauerteig, würde er dort in der Tüte aufgehen und nach spätestens drei Tagen würden entweder die Tüten im Supermarkt platzen oder die Sauerteighefen sterben, bevor man den Teig zum anmachen verwendet. Machen Sie den Ansatz selbst, wenngleich man auch ein paar Anläufe beim ersten mal dafür braucht.

Für Brot nehmen Sie am besten Dinkel- oder Roggenvollkornmehl, für Hermannteig Weizenvollkorn. Das Mehl in lauwarmem Wasser so verrühren, das die Emulsion sahnig-weich ist. Das ganze in eine Schüssel und offen, auf keinen Fall abgedeckt, an einen warmen Ort stellen. In unserer Atemluft sind genug Pilzhefe, die sich auf dem Teig absetzen. Es reicht für den ersten Ansatz ein Joghurtbecher voll.

Nach zwölf Stunden müssten sich die ersten Bläschen im Teig bilden, nach einem Tag können sie ihn weiterverarbeiten. Nicht immer setzen sich uns freundlich gesonnene Pilzsporen oder Hefen auf dem Teig ab. Falls Sie nach vierundzwanzig Stunden Schimmel entdecken, werfen Sie diesen Teig weg und versuchen Sie es noch einmal von vorn. In Nachschlagewerken heißt es immer 12 Stunden, aber wegen möglicher anderer Dinge ist mein Tipp 24 Stunden.

Den Teig "füttern" Sie nun mit weiterem Mehl und Wasser, bis eine handelsübliche Schüssel gut halb voll ist und kneten ihn so durch, dass er fest, aber geschmeidig ist. Diesen Teig lassen Sie nun nochmals zwölf Stunden an einem warmen Ort, jetzt abgedeckt, gehen.

Nun nehmen Sie einen Becher voll davon ab, geben nochmal Mehl und etwas Wasser dazu und stellen diesen Ansatz, fest verschlossen, für den nächsten Kuchen oder das nächste Brot in den Kühlschrank. Nach zwei, drei Tagen sollte man diesen Teig aber weiterverarbeiten.

In der Schüssel haben Sie nun Ihren Brot- oder Kuchenteig den Sie jetzt nach Rezept wie einen Hefe- oder Backpulverteig weiterverarbeiten können.

32

Brathering

... ein Zubereitungsgedicht siehe Seite 60 ...

Sol-Ei

Es gibt zwei Arten der Zubereitung. Bei der einen, einfacheren Art, kocht man das Ei, schält es und legt es dann für ein paar Tage, wie den Brathering, in einen Aufguss aus Salz und Gewürzen. Die andere Art dauert länger. Ein rohes Ei mit Schale in Wasser-Essigessenz oder direkt in Apfel- oder Balsamico-Essig legen. Nach einigen Tagen hat der Essig die Schale aufgelöst und durch die Säure stockt, gerinnt auch das Ei. Das dauert aber zwischen zwei und vier Wochen. Gern von Anfang an Kräuter und Salz mit hinein, ruhig zwei Esslöffel Salz pro Ei.

Sauerkraut[3]

Weißkohl, man kann aber auch Wirsing- oder Rotkohl nehmen, dann hat das Endprodukt eine andere Farbe. Den Kohl hobeln oder in sehr feine Streifen schneiden. Anschließend den Kohl stampfen. Es gibt Stampfer dafür im Fachhandel, man kann aber auch einen Fleischklopfer (wie fürs Schnitzel) nehmen oder die eigene Faust. In jedem Fall muss der Kohl weichgeklopft werden. Die dabei austretende Flüssigkeit muss beim Kohl bleiben. Idealer Weise klopft man den Kohl direkt in dem Steinguttopf, in dem er auch gären soll. Man kann ihn aber auch in einer Schüssel klopfen und dann in ein anderes Gärbehältnis mit der eigenen Flüssigkeit umsetzen. Ist der Kohl in dem vorgesehenen Gärbehälter, sollte seine eigene Flüssigkeit ihn komplett bedecken. Man kann aber auch fertigen Sauerkrautsaft aus dem Supermarkt dazugeben oder einfach nur abgekochtes Leitungswasser. Nun pro Kohlkopf etwa zwei Esslöffel Salz dazu geben und dafür sorgen, dass der

---

3   ... siehe meinen Abenteuerroman "20 Fässer Sauerkraut"

Kohl unter der Flüssigkeitsdecke bleibt. Oft gibt es die entsprechenden Beschwerungssteine im Handel beim Kauf eines Gärtopfes dazu. Nun dafür sorgen, dass keine frische Luft in das Behältnis hinein kommt. Schraub- oder Weckgläser eignen sich dafür nicht wirklich, zumal durch den Gärprozess auch noch Druck im Behälter selbst entsteht und ein Glas dann auch mal zerspringen kann. Das Sauerkraut fermentiert jetzt. Es sollte nach etwa drei Wochen fertig sein und dann innerhalb weniger Tage verzehrt werden. Man kann von Beginn an auch einige Wacholderbeeren, Pimentkörner oder gehobelte Möhre dazu geben und mitgären lassen. Frisches Sauerkraut ist sehr lecker und roh sehr gesund!

Sauerkraut Zubereitungen
Roh lege ich mir Sauerkraut hin und wieder gern beim Brot unter eine Scheibe Wurst oder Käse. Beim kochen kann man ihn einfach ganz ohne alle Verfeinerungen nehmen. Mag man es süßsauer ist eine Variante die Zugabe von Zucker, die feinere Variante ist, dass man ein Viertel der Kohlmenge beim kochen durch Apfelmus ersetzt.

Eierkuchen *(für Nichtberliner: „Pfannkuchen")*
Weizenmehl, Milch, Zucker nach Geschmack, ein Ei und pro halben Liter Menge eine Tüte Backpulver und Vanillezucker dazu. Mit einem Quirl gut mischen. Die Emulsion sollte die Konsistenz von flüssigem Honig haben. Die Pfanne erhitzen und mit genügend Fett, bei einer beschichteten Pfanne reicht weniger, ausstatten. Wenn das Fett heiß ist, den Teig in einer dünnen Lage hinein gießen und von beiden Seiten durchgaren, bis sie leicht braun sind. Erfahrungsgemäß gelingen der erste und der letzte Eierkuchen nie. Wie man ihn dann isst, ob mit Streuzucker, Lachs, Pflaumenmus oder Erdbeermarmelade, ob gerollt oder flach bleibt jedem selbst überlassen.

Puffer

Mehlig kochende Kartoffeln kaufen. Schälen und reiben. Wobei das beim Reiben entstehende Eigenwasser der Kartoffeln mitgenommen werden sollte. Anschließend Mehl, Zucker, Ei, Backpulver und Vanillezucker dazu. Die Masse sollte vor der weiteren Verwendung noch eine halbe Stunde ruhen, damit das Mehl nachquellen kann. Flache Scheiben formen und in heißer Pfanne mit etwas Öl braten. Auch hier wieder Streuzucker, Lachs oder Marmelade dazu. Besonders fruchtig wird es aber mit Apfelmus.

Bauernfrühstück

Zunächst Bratkartoffeln herstellen, also eine festkochende Sorte kochen, pellen, in Scheiben schneiden und mit gewürfeltem, durchwachsenen Speck oder Kassler, mit Zwiebel oder Schalotte, gern auch mit Paprikastreifen und Salzgurkenwürfeln, sowie einer halben Knoblauchzehe knusprig braten. Nebenbei ungezuckerten (auch ohne Vanillezucker) Eierkuchenteig herstellen. Die fertigen Bratkartoffeln zunächst raus aus der Pfanne und den ungesüßten Eierkuchenteig hinein. Nun wiederum die Bratkartoffeln und gern auch Zwiebellauch, Porree oder Schnittlauch da hinein. Wenn der Teig oben fest ist, müsste er auf dem Boden der Pfanne braun sein. Fertig!
Wem das zu aufwendig ist, der kann auch den Bratkartoffeln kurz vor ihrer Vollendung zwei verquirlte Eier dazu geben und das ganze dann so lang braten, bis das Ei fest ist.

Rumtopf

Manchmal hat man ja einzelne Beeren, Pflaumen oder Kirschen, die etwas unansehnlich sind. Die zusammensammeln, gern über das Jahr verteilt, Zuckern und so viel Rum dazu, dass die Früchte immer gut bedeckt sind. Stehen lassen. Je größer der Zuckeranteil ist, um so mehr "brummt" es anschließend im Kopf. Der Alkohol den man dazu nimmt, sollte mindestens 40 Vol% haben. Man kann billigen Rum nehmen, aber dann schmeckt das ganze nicht. Nehmen Sie Pott-, Bacardi-, Havanna Club- oder Stroh-Rum, es geht aber auch ein guter Weinbrand ein Vodka oder guter Korn- oder Obstbrand, aber er sollte halt mindestens diese 40Vol%, besser 54Vol% oder mehr haben. Natürlich geht Primasprit auch! Rumtopf ist tückisch, denn die Früchte haben es beim Verzehr in sich, ... sie haben sich voll Alkohol gesaugt, schmecken hervorragend, die darin enthaltene Menge an Alkohol merkt man aber erst einige Minuten später.

Grog

Wenn man im Winter gut durchgefroren ist und nach hause kommt, dann mach ich mir immer einen Grog. Nehmen Sie wieder einen Markenrum, denn alles was billiger ist, ist oft nur schlecht gebranntes "Feuerwasser" mit Fusel. Für Grog reichen 40Vol% und weniger. In einer großen Kaffeetasse, also so einem Kaffeepott, einen "Doppelten" (0,4 cl) Rum mit einem Teelöffel voll Rohrzucker vermengen und mit heißem Wasser (es braucht nicht zu kochen, denn man will ja den Grog recht bald trinken) aufgießen. Zum anschließenden umrühren kann man gern eine Vanilleschote nehmen, die man aber häufiger für diesen Zweck benutzt. Grog kannte man schon auf den historischen Segelschiffen, denn er belebt und wärmt. ... jedenfalls kurzzeitig. Man sollte es bei diesem einen Grog belassen.

Screw Driver

Ist ein Cocktail und wie ich finde die einzige vernünftige Art, Orangensaft zu sich zu nehmen. Einen doppelten Vodka in einem Cocktailglas mit Orangensaft aufgießen. Man schmeckt den Alkohol zwar nicht heraus, aber der Orangensaft schmeckt gleich insgesamt viel besser.

Gin-Tonic

Sein wir mal ehrlich, weder Gin noch Tonic schmecken allein für sich. Tonic ist chininhaltig und ein gutes Mittel gegen Krankheiten in südlicheren Gefilden. Das wussten am besten die Briten in ihren imperialen Kolonien, vor allem in Indien oder Hongkong. Weil aber das von ihren Ärzten empfohlene Tonic-Water mit seinem vielen, bitteren Chinin nicht wirklich schmeckte, mischten sie es mit Wacholderschnaps. Gin / Wacholderschnaps ist nur ein mit Wacholderbeeren aromatisierter Kornbrand. Gin-Tonic ist mein raffiniertester Cocktail. In einem Glas einen doppelten Gin mit Tonic-Water auffüllen und noch einen Spritzer Zitronen-, besser Limettensaft, hinein geben und wegen der Optik noch eine Limetten- oder Zitronenscheibe oben auf legen. Mit noch ein paar Eiswürfeln wird es richtig lecker! Für die Version mit Eiswürfeln nehmen sie ruhig ein Berliner-Weiße-Glas.

Berliner Weiße

... ist wegen seiner Säure, bei gleichzeitig wenig Alkohol (rund 2Vol%) der ideale Durstlöscher an heißen Tagen. Es ist eigentlich das älteste Bier-Misch-Getränk. Weil sie sehr schäumt, sollte man sie nie direkt aus der Flasche trinken. Industriell in großem Maßstab wird sie leider nur noch kristallklar von Kindl, gehörend zur Radeberger-Gruppe und die wiederum zum Oetker-Konzern, angeboten. Das Getränk wird von diesem Konzern auch bereits mit Sirup fertig gemischt angeboten. Dagegen findet man in kleinen, häufig Bioläden aber mittlerweile wieder hefetrübe Berliner Weiße von Mikrobrauereien. Hefetrübe Weiße ist leckerer! Von den industriell vorgemischten Variationen rate ich ab. Die sind oft nur sehr, sehr süß, was noch mehr Durst macht. Berliner Weiße kann man an heißen Tagen komplett ohne Sirup trinken. Ansonsten kann man jeden Sirup nehmen, der greifbar ist und ihn mit der Berliner Weißen, so mischen, wie auf der Sirupflasche das Mischungsverhältnis mit Wasser angegeben ist.

Bei "Berliner-Weiße mit Schuss" ersetzt man den Sirup durch einen doppelten Kirschlikör. Das ist auch sehr lecker!

"Potsdamer"

... ist dasselbe wie "Radler"! Ein Teil Bier, ein Teil Zitronen- oder Orangenlimonade.

Eier abschrecken

Ich weiß, bei mir reicht es, wenn ich in den Topf mit den Eiern hinein schaue. Kleiner Haushaltstipp von mir: schrecken Sie gekochte Eier nicht unter fließendem Wasser ab, sondern nehmen Sie dazu eine kleine Schale mit kaltem Wasser. Zum einen sparen Sie dadurch Wasser, zum anderen kann man dieses und das erkaltete Kochwasser der Eier zum Blumen gießen für Topf- und Balkonpflanzen verwenden. Durch den darin enthaltenen Kalk lieben die es.

Brennnesseln

Sofern Sie nicht die Brennnesseln der nahe gelegenen, vom Kraftverkehr umtosten Verkehrsinsel oder die durch Hundekot und -urin sehr gut gedüngten aus der Baumscheibe vor der Tier nehmen, so lang können sie die wie Spinat verwenden.

Also Brennnesseln ernten und nur die Blätter ohne Stängel hacken. Wie frischen Spinat weiterverarbeiten. Schmeckt wie Spinat, ist aber würziger. Die Fasern der Stängel und Stiele hat man früher wie Flachs zu Leinen verarbeitet, wobei Brennnesselfasern nicht ganz so lange haltbar sind, wie Flachs.

Aus den Samen des Flachs wird im übrigen Leinöl gepresst. Flachs wird auch Saat-Lein genannt.

Brennnessel, mit Stumpf und Stiel gekocht sind ein gutes Mittel gegen Blattläuse. Dazu besprüht man die Balkon- und

Zimmerpflanzen mit dem abgekochten Sud, im Garten kann man auch bei entsprechender Menge die befallenen Pflanzen damit gießen.

Ersatzkaffee

Den kann man sich aus geröstetem Getreide, Erbsen und sogar Kohlrübe, bei Zugabe von gerösteter Zichorienwurzel selbst herstellen. Wie gesagt, einfach nur rösten und in der Kaffeemühle mahlen. Nutzen sie einen Kaffeeautomaten, dann bitte keine gerösteten Erbsen verwenden, denn die quellen während des Brühvorgangs auf und verstopfen alle Abläufe[4]. Caro-Kaffee oder das wesentlich preiswertere Ost-Pedant "im-nu" bestehen überwiegend aus diesen diesen Ersatzstoffen, wobei "im-nu" mehr ein Malzkaffee ist. Wie beim ersten Schritt der Bier-, Whisky- oder Kornherstellung

---

4   ... während der "Kaffeekrise" in der DDR, die 1977 ausbrach, weil die Preise für Rohkaffee auf dem Weltmarkt explodiert waren, versuchte man Bohnenkaffee eins zu eins mit Kaffeeersatz zu strecken und merkte dabei, dass die professionellen Kaffeeautomaten in Betriebskantinen mit dem Zeugs ihre Schwierigkeiten hatten. Außerdem boykottierte die Bevölkerung den Kauf, obwohl der viel, viel billiger war, als normaler der Bohnenkaffee. Zum Vergleich: bei einem Durchschnittsstundenlohn von 3,50 Mark kosteten 125 g gemahlener Bohnenkaffee 8,75 Mark, der Kaffeemix nur 4,00 Mark. Man nahm das Produkt nach einem Jahr wieder vom Markt. In der Kaffeekrise wurde aber auch ein weltweit einzigartiges, neues Röstverfahren, das etwa zehn Prozent der Kaffeemenge einsparte, in der DDR entwickelt. Die Bohnen werden in einer "Wirbelschicht-Röstanlage" in einer Heißluft-Wasserdampf-Atmosphäre geröstet. Dieses Verfahren wird heute weltweit einzigartig nur noch bei der Röstfein Kaffee GmbH in Magdeburg und dort hauptsächlich bei der Sorte "Rondo Melange" angewendet.

wird zunächst Getreide in warmes Wasser eingeweicht und zur Keimung gebracht. Das getrocknete, gekeimte Getreide (Gerste schmeckt später am besten), trocknet, darrt man hinterher und röstet es schließlich mit den Keimen sehr scharf. Dadurch ist das Getreide schon etwas anfermentiert und es haben sich einige wenige Einfachzucker darin gebildet, die ihm beim Rösten schon den Hauch einer Karamell-Note geben. Das ist das Malz. Wie Kaffee aufbrühen.

Man kann Getreidekaffee sogar die gerösteten, gemahlenen Samen von Eicheln beimengen.

... nochmal Chicorée

Oben hin beschrieb ich ja die Salatarten, die man aus Chicorée herstellen kann. Dazu wird ja nur der obere Teil dieser Kulturpflanze verwendet. Den bitteren, mittleren Teil des Chicorée verfüttere ich im übrigen an meine nordafrikanischen Achatschnecken (Zierschnecken) in ihrem Terrarium (siehe Buchcover).

Während man die Kulturform erst seit etwa den 1980er Jahren verwendet, kennt man die Wild- oder Urform noch als "Zichorie" oder "Gemeine Wegwarte". Sie wird schon seit dem Mittelalter als Heilpflanze verwendet. Sie blüht blau. Die Wurzeln dieser "Pflanze unter drei Namen" hat man früher dem Bohnenkaffee zur Streckung oder dem Getreidekaffee für die Bitterkeit zugesetzt. Dazu wird die Wurzel gesäubert, gewürfelt, geröstet und dann mit den Kaffeebohnen oder dem gerösteten Getreide gemahlen.

Aquarienwasser

Nein! Nicht trinken!

Viele machen sich ja die Arbeit und wechseln wenigstens alle zwei Wochen ein Drittel bis die Hälfte des Aquarienwassers. Schütten Sie es nach Möglichkeit nicht einfach weg, sondern nutzen sie es als Gießwasser für Ihre

40

Pflanzen. Durch den Fischkot im Wasser sind darin viele Nährstoffe enthalten. Aquarienwasser wirkt deshalb wie Dünger!

Aber Sie brauchen das Wasser auch nicht so oft zu wechseln. Selbst wenn es mal trüb geworden ist, weil eine Fischleiche zu viele Nährstoffe auf einmal darin freigesetzt hat, brauchen Sie es nicht zu wechseln, sondern spülen Sie die Aquarienfilter nur kurzzeitig mal alle zwei Tage aus. Wasserschnecken fressen nicht nur die Algen von den Scheiben, sondern auch überflüssige, am Aquarienboden abgelagerte Nährstoffe und sogar herabgesunkene Fischleichen innerhalb weniger Tage restlos auf und sie filtrieren zudem weiteres Wasser. Da die ökologischen Bedingungen in so einem Becken meist nach spätestens nach sechs Monaten halbwegs stabil sind, reicht es, wenn Sie dann alle zwei bis drei Wochen die Wasserfilter des Beckens in lauwarmem Wasser leicht ausspülen. Auch dieses Wasser ist wieder ein ganz hervorragender Pflanzendünger.

Speckschwarte – Knochen von Kammscheiben - Eierschale

Ich habe in einem Terrarium ein paar Nordafrikanische Achatschnecken. Das sind Zierschnecken, die etwa Handteller groß werden. Sie haben schon in freier Natur nur einen Bewegungsradius von kaum mehr als dreißig Zentimetern am Tag. Insofern ist ihre Haltung in einem ausgedienten, weil undichten, ehemaligen 100-Liter-Aquarienbecken mit seiner Aquarienabdeckung durchaus artgerecht. Anfangs etwa drei bis vier Zentimeter feinen Kies als Bodensatz, täglich eine Schale (möglichst schwer, deshalb aus dickem Glas) voll frischen Wassers da hinein. Die Tierchen mögen es, wenn Sie einmal im Monat eine halbe Tüte Vogelsand mit einstreuen, wegen der darin enthaltenen Mineralien, die nicht nur Zimmeradler, sondern

41

auch die Achatschnecken mögen. Gefüttert wird mit allem, was grün ist. Kopf-, Frisee-, Eichenblatt-, Eisbergsalat. Die farblosen Salatherzen, die wir so gerne mögen, mögen die Schnecken nicht, dafür aber wieder deren Stumpf. Es geht auch Kohlrabi- und Möhrenlaub, Spinat, Brennesel, Löwenzahn, Pappelblätter, die Stumpfstiele mit Grün von Erdbeeren.

Sie mögen alle Beeren, Pflaumen, Kirschen, die Kerngehäuse von Apfel und Birne und sie fressen sogar die Wurzeln von dem Salat den sie mit eben diesem Wurzelballen im Supermarkt gekauft haben. Selbst an Rhabarber- und gekochte Spargelschalen gehen sie ran. Sie fressen aber auch Haferflocken und Getreide. Weil die Tierchen Allesfresser sind, können Sie gern auch Kopf und Schwanz von Sprotten oder ungewürztes Hackfleisch füttern. Sie knabbern den rohen Knochen von Kammscheiben ab, mögen die Schale Ihres gekochten Frühstückseis und sie lieben es, Quark-, Joghurt- und Skyrbecher, sowie Honig- und Marmeladengläser auszuschlecken. Selbst die äußere Schale von Zwiebeln oder Knoblauch mögen sie.

Unkraut?
Ich mag ja diese Rasenkantenschneider und Laubbläser nicht. Die Rasenkanten setzen genau da an, wo eventuell mal was anderes, als dieser gleichmäßige, einförmige Einheitsrasen, wächst, die Laubbläser verhindern, dass Regenwürmer ihre Arbeit tun und Laub vom Vorjahr in natürlichen Rasendünger umwandeln. Auf meinem Balkon entferne ich Laub deshalb nur dort, wo es meinen Sitzplatz stört. Die zwei Brennnesselstrunke lasse ich genau so stehen, wie den Topf voll Goldrute. Im Totholz der Goldrute nisten sich, wie auch in der Brennnessel, gern Schmetterlings- und Falterlarven ein. Wenn sie im nächsten Frühling schlüpfen, ist das immer meine ganz eigene

Freude. Und so lasse ich auch in den Tropflöchern für Kondenswasser in meinen Fensterrahmen jedes Jahr solitäre Wildbienen ihr Nest bauen.

Leinöl

... ist eine hervorragende Holzpolitur für Ihre Möbel! Leinöl entzündet sich allerdings, wenn man es fein zerstäubt, schon bei Zimmertemperatur! Vorsicht!

Champagner-Weiße

Bier, abgefüllt in der Flasche oder im Fass, nicht das was Sie selbst gebraut haben, ist an sich, unter Luftabschluss, unbegrenzt haltbar. Das trifft insbesondere auf Berliner Weiße zu. Wenn Sie Berliner-Weiße ein gutes Jahr lang, möglichst kühl und unter Lichtabschluss, also entweder im Kühlschrank oder in einer Obst-Gemüse-Miete im Garten, lagern, bildet sich daraus automatisch Champagner-Weiße. Beim gießen ins Glas schäumt sie kaum noch und die Kohlensäurebläschen sind ganz, ganz fein. Weil Berliner-Weiße in der Flasche gärt, schmeckt sie nach einem Jahr einfach nochmal so gut.

Berliner Bowle

Zwei Flaschen Berliner-Weiße, eine Flasche Sekt oder billigen Schaumwein, den Saft einer halben Zitrone, Zucker. Gut mischen und einen halben Tag lang ziehen lassen.

Gurken-Bowle

Eine Salatgurke waschen, längs halbieren und ganz fein schneiden. Zucker in wenig Wasser auflösen und mit einem doppelten Weinbrand über die Gurken geben. Nach 1 - 2 h mit zwei Flaschen (Weiß-)Wein und mit einer Flasche Sekt oder Mineralwasser auffüllen.

Biersuppe

Man kann das Wasser in allen Suppen und Eintöpfen komplett oder in Teilen durch Bier, möglichst Helles oder Malzbier, Pils ist oft zu bitter, ersetzen. Dabei keine Angst vor Alkohol, denn der verdunstet bereits bei gut 60°C und weil er leichter als Wasser ist, setzt er sich beim kochen zunächst oben auf der Suppe ab und verdunstet dann mit dem Kochen. Aber weil Bier ja oft eine etwas bittere Note hat, ist das mal wieder reine Geschmackssache.

Frische Pilze

Sofern Sie nicht ihren Partner*in umbringen wollen, beschränken Sie Sich beim Sammeln im Wald auf die Pilze, die Sie garantiert kennen (ich kenne keine) oder versorgen Sie Sich damit aus dem Supermarktregal. Der Champignon ist zwar der Klassiker, aber versuchen Sie auch mal andere Sorten. Pfifferlinge, Shiitake, Chinesische Stockschwämmchen oder Austernseitlinge gibt es ja hin und wieder mal im Handel. Beschränken Sie Sich darauf, die nur durchzubraten und ausschließlich mit Salz und Pfeffer zu würzen. Sie können auch eine kleine, gehackte und glasierte Schalotte mit hinzu geben oder sehr fein gewürfelten durchwachsenen Speck mit in die Pfanne hinein geben. Auf alle anderen Gewürze verzichten Sie besser und genießen Sie den Eigengeschmack der Pilze, die Sie mit Salzkartoffeln und ausgelassener Butter servieren.

Arme Ritter[5]

Angeröstetes Toastbrot in eine Flüssigkeit aus einem vermengten, rohen Ei und Milch, etwas salzen, tunken und in heißem Fett in der Pfanne braunbraten.

---

5   ... siehe den Film "Kramer gegen Kramer" von 1979, da hab ich das Rezept her

Haselnuss- oder Erdnusscreme

Ich hab auf meinem Balkon einen kleinen Haselstrauch, der immer einige wenige Nüsse trägt, die ich gern verarbeite. Haselnüsse knacken und anrösten. Dadurch erst entfaltet sich das Nussaroma. Diese Nüsse in den Universalzerkleinerer. Feiner wird es mit einer von Hand gekurbelten Kaffeemühle, aber durch das Fett der Nüsse verklebt die Mühle leider sehr schnell und sie lässt sich anschließend nicht mehr so ohne Weiteres säubern. Dieses Nussmehl vermengt man mit einigen Löffeln feinsten Puderzuckers, gibt noch einen Löffel gemahlenen Kakaos dazu und lässt nun etwa einen halben Würfel Kokosfett (Palmin oder so) in einer Pfanne verflüssigen und mischt anschließend das gesüßte Nussmehl mit dem flüssigen Fett. Am besten macht man das bereits in dem Behälter, in dem man die Nusscreme auch aufbewahren will. Machen Sie davon aber immer nur so viel, wie sie in den nächsten zehn Tagen verbrauchen, sonst wird die Creme ranzig. Mit Erdnüssen verfährt man genau so.

Quittenaufstrich ... kein Quittengelee!

Quitten sind selbst wenn sie reif sind sehr, sehr hart und man kann sie nicht roh essen. Sie sind aber verdammt lecker. Man muss sie erst weichkochen. Da in der Schale der Quitte, die so hart ist, man sie auch gekocht nicht verzehren sollte, und im Kerngehäuse sehr, sehr viele Pektine sind, die wie ein Geliermittel anschließend für die Stabilität der Masse ganz nützlich sind, verarbeiten wir diese zuerst. Frische Quitten haben einen leichten Wollflaum, den wir unter fließendem, kaltem Wasser zunächst mit einem Lappen abreiben. Nun schälen wir die Früchte. Dazu brauchen Sie wirklich ein scharfes Messer, denn die Quitte ist, ich wiederhole mich, sehr hart. Entfernen Sie das Kerngehäuse. Kochen Sie in einem Extratopf Schale und Gehäuse so lange, bis beide Butterweich sind. Auf die

Flüssigkeit in diesem Topf bin ich aus! Das Fleisch der Quitte in der Zwischenzeit entweder in einem Universalzerkleinerer so kleinschroten, wie es geht oder mit einer Kartoffel- oder Käsereibe hobeln. Mit wenig Wasser in einem Topf kochen, bis das Quittenfleisch durchgegart und weich ist, das sind nur wenige Minuten. Nun das Kochwasser der Schale und der Gehäuse dazu geben und mit Zucker, Gelierzucker wie auf der Packung angeben wäre hilfreicher, vermengen. Da kann man gern auch noch einen kleinen Teil einer fein gehackten Vanilleschote und einen Schuss guten Rums, wegen des Aromas, dazu geben und alles gut mischen. Diese noch warme Masse in Schraubgläser abfüllen und im Kühlschrank lagern.

Topinambur[6]
Verwenden wie Salzkartoffeln. Topinambur ist aber aromatischer, als Kartoffeln, gesünder, verursacht aber leicht Blähungen, so wie etwa Zwiebeln.

Toilettenpapier
In der DDR benutzte kaum jemand Küchentücher aus Papier. Falls es die mal gab, waren die sehr, sehr teuer. In meinem Grundwehrdienst bei der NVA war es nötig, auf Übungen, die ein paar Tage dauerten, das eigene Essgeschirr ordentlich zu säubern, weil es spätestens schon am zweiten Tag anfing, wenn man es öffnete, "komisch zu riechen". Das Problem: zum Abwaschen gab es, wenn überhaupt, nur kaltes Wasser ohne Spülmittel und so gingen letzte Fettaugen der Bohnen mit Hammelfleisch vom Mittag mit nun endlich weichen Butterresten vom Abendbrot und Leberwurstschmiere vom Frühstück in den Ecken des Kochgeschirrs eine seltsame Allianz und ein Konglomerat ein, das oft noch um Marmeladen-, Schmalz- und

---

6   ... danke an Mele fürs erinnern an dieses Gemüse!

Schmelzkäsereste bereichert wurde. Kaltes Wasser hilft da wenig und ein Putzlappen, der am Morgen noch neben dem Terpentin oder neben Kam'rad Brunos Unterhose gelegen hatte, war auch nicht sehr appetitlich. In Ermanglung an Küchenrolle, nahmen wir deshalb Toilettenpapier! Erfüllt den selben Zweck wie die Kücherolle, ist ähnlich saugfest, nur leider nicht so reißfest. ... Aber im Notfall ... "...nehm' so doch Jras! ..."... war mal die Unterschrift eines Zille-Bildes.

Avocadocreme
Eine weiche Avocado halbieren, den Stein entfernen (wenn man den in Erde drück, keimt er sogar), das Fleisch auslöffeln und sofort mit Zitronensaft beträufeln, sonst wird die Masse braun. Eine halbe klein gehackte Schalotte dazu und mit Olivenöl und einem halben Teelöffel Zucker zu einer Creme zerquetschen. Ist sehr lecker und gesund, sollte aber innerhalb weniger Stunden (an einem Tag) verbraucht werden.

Porree
Als Beilage kurz anschmoren, gern aber auch anstatt Zwiebeln verwenden. Zubereitungen mit Porree immer mindestens einen halben, besser einen ganzen Tag lang ziehen lassen.

Toilettenpapier plus
Was Die Leute aus Toilettenpapier, Nudeln und Sonnenblumenöl herstellen, hab ich bisher noch nicht heraus bekommen. Vielleicht wird das Papier ja, weil sehr faserreich, mit dem Öl geröstet und dann über die trockenen Nudeln gegeben? Hamster sind nicht so einfach zu halten, deshalb rate ich immer von Hamsterkäufen ab!

*

„Stammtisch" so heißen Minihörspielchen, die ich regelmäßig für meine Radiosendungen schreibe und aufnehme.

Stammtisch Staffel 10 *– geschrieben zwischen 4.3.21 und 8.9.21 - rec. 24.11.2021*

Meine Olle hat mir erzählt, du seist überhaupt nicht tierlieb!
> Wie kommt deine Olle denn uff so'n Quatsch? Weil ick se nich mit Tiernamen bedacht habe, ... so Eichhörnchen oder so? ...

Nee, meine Olle sagt, du bist überhaupt nicht gut zu vögeln!

*

Du gibst den Fischen in deinem Aquarium Futtertabletten?
> Ja, Spalt-Tabletten, damit sie sich verdoppeln.

*

Du musst mehr Oktopus essen! Det jibt dir wieder Tinte uff den Füller!
> Ick will meine Olle nich schreiben, ick will se mal wieder knattern.

*

An meine Haut lasse ich nur Wasser und CD!
> Und was bitte sagen GEMA und GVL dazu?

*

Meine Olle hat jesagt ...
> Du sagst doch immer, deine Olle hätte bei dir nüscht zu sagen!

Na det hat meine Olle ja ooch gesagt!

*

Hilft das Corona-Bier auch gegen die Pandemie?
> So lang du es nur oral inhalierst, hilft es vermutlich eher beim Abstand halten hier in der Kneipe.

*

Was ist der Unterschied zwischen einem Krokodil?
> Je grüner, destso schwimmt es!

48

Herr Ober, was ist denn "Fischsuppe nach Mineralöl-konzernart"?

Das ist Schell-Fisch in Biskinöl in Wasser aus dem Aral-See!

*

Meine Olle ist kurz Fluppen holen gegangen und anderthalb Jahre nicht mehr nach hause gekommen!

Naja, sie ist noch von der alten Schule! Sie läuft Meilenweit für eine Camel-Filter!

*

Der nächste Zug fährt nach Birkenwerder!
Ja-Ja! Wir sind in Birkenwerder!
Das sagt die Bahnhofsdurchsage auch immer!

*

Ob Mars, wie Milky Way auch in Milch schwimmt?

Das weiß ich nicht. Aber ganz sicher schwimmt der Mars in der Milchstraße.

*

Ach ist das nice! Du hast ja sogar noch eine Schreibmaschine!

Ja, die stammt aus der Zeit, als "nice" noch "nett" war.

*

Mein Schwager hat von seinem Hausarzt jetzt eine Geschlechtsumwandlung vornehmen lassen!

A-ha, dann biste jetzt also seine Tante!

*

Deine Olle ist jetzt mit einem Besen durchgebrannt?

Ja, stell dir mal vor, als ich ihr letztens den Besen schenkte, sagte ich zu ihr, damit könne sie ja wohl umgehen. Darauf hin hat sie sich einfach nur auf den Besen gesetzt und ist damit weggeflogen!

*

49

Sie: Der Herr wollen zahlen? Was hatten sie denn?

Er: Zwei Bier-innen, vier Whisky-innen und einundzwanzig Jägermeister-innen!

Sie: Könnten sie mal damit aufhören, diesen Quatsch zu gendern?

Er: Ich will damit nur meinen Respekt gegenüber euch Frauen ausdrücken, du alte Schlampe!

*

Du warst gemeinsam mit deine Olle in Hohenwutzen auf dem Polenmarkt und die haben dir da nüscht Wertvolles geklaut?

Nee, stell dir mal vor, meine Olle haben sie mir gelassen!

*

Ich hab jetzt zwei neue Schnecken zu hause![7]

Du immer, mit deine janzen Weiber! Wer ist es denn, Tina, Schuleschiene, Beate oder Christine?

Nein-nein! Das sind echte, nordafrikanische Achatschnecken!

Ach so, dann gilt also für deine Haustiere der Spruch: ein bischen Bi schadet nie!

*

Ach, ... der Frühling ....

... da sprießen nicht nur die Knospen!

*

Sag mal, kennst du den Witz, von dem nordkoreanischen Kannibalen?

Nöö!

Na ick ooch nich!

*

---

7   ... nach "Resteküche 1" oder "Fickende Frösche" kam ich schließlich auf diesen Buchtitel hier, einfacheres Bild

50

Meine Olle ist immer sehr häuslich, das muss ich ja sagen. Sie backt, streichelt mir die Glatze und füttert unseren Wellensittich!

Ist ja wie meine! Meine Olle kocht ständig und backt vor allem Nachts. Stell dir mal vor, immer wenn ick hier aus der Kneipe nach hause komme, steht sie mit 'nem Nudelholz hinter der Türe!

*

Alleine trinken ...

... macht einsam!

*

Es fließt dahin mit schlimmem Graus ...

... das Blut, der überfahr'nen Maus!

*

Sie wirkt im Bett schon arg erschrocken ...

... willst du am Morgen Tina bocken!

*

Ick hätte gerne 'n Storch zu hause!

In welche politische Ecke bist du denn jetzt geraten?

Ach, ick will mir den doch nur braten!

*

Ich mache jetzt eine neuartige Eier-Diät!

Wie geht die denn?

Na ich esse täglich zum Frühstück fünfundzwanzig hart gekochte Eier! Davon wird mir immer so schlecht, dass ich bis zum Abendbrot nichts mehr esse!

*

Wenn ich mal bei einer Frau übernachte, kommt sie selten zum schlafen!

Ja, weil du die ganze Nacht lang schnarchst!

*

Im Hafen von Hamburg laufen immer wieder Schiffe ein!

Wieso laufen die da ein? Wäscht man die Schiffe dort zu heiß?

Man, wat ist det denn für 'n Jesöff! Ist det Malzbier? Det klebt ja wie Hubatz!

Det ist keen Malzbier! Det ist Hubatz!

*

Mein Herr, wie schmeckt ihnen der Wein in unserem Restaurant?

Köstlich! Da läuft einem geradezu das Wasser im Mund zusammen!

Stammtisch Staffel 11 – *geschrieben zwischen 28.9.21 und 26.3.2022 und zum Zeitpunkt des Erscheinens des Buches hier noch nicht tontechnisch aufgenommen*

Sie: Aaaach, wie freundlich und herrlich blau doch der Himmel ist!"

Er: Kein Wunder, der hat ja auch keine Frau, die ihm das verbietet."

*

Herr Wirt, noch einen Krug Met für meinen Knappen! Der Herr wird's dir danken! … so, Gundolfi, wat hat denn nun mein Gaul jestern zu dir jesacht?

Also, Herr Ritter, dein stolzes Ross Hacke Horse hat gestern zu mir jesacht, dass die Rosinante, … also die Rosinante von deine olle Anjesungene … also Hacke Horse hat dann … also Herr Ritter, danke nochmal für den Krug Met, … also der Hacke Horse und die Rosinante …. oder war det doch die Jasmin mit dem Tomatensalat, Tomatensalat, Tomatensalat ….
… ausblende...

*

Du ick hab jetzt Sturmfrei!

Bis wann?

Bis zum Krokodil!

*

Putt, putt, putt-putt, putt, ja putt, putt-putt

Wat is 'n mit dir los? Fütterst du hier unterm Tisch heimlich mit der Kotze aus Roswitas Küche deine Hunger-Hühner?

Nee, Kalle, ick telefoniere übers Festnetz und versuche meinem vierunddreißig jährigen Neffen gerade in einfachen Worten, die er auch versteht, beizubringen, dass sein Smartphone wohl kaputt ist. ... Putt, ja putt, nein-nein sondern putt, putt, putt-putt ...

*

Meine Ex, die Antje, hat jetzt einen neuen Freund. Er ist Röntgenspezialist!

Na du hast sie ja immer nur durchschaut, aber er scheint sogar was in ihr zu sehen!

*

Was ist denn das?

Das ist Whisky.

Schmatz-schmatz-trink-trink ... Da ist ja Alkohol drin!

Das kommt bei Whisky häufiger vor.

*

Und habt ihr in eurem Urlaub in Norwegen auch die Fjorde gesehen?

Aber klar! Obwohl die natürlich etwas scheu sind!

*

Es ist doch viel schöner, von einer schönen Frau nur zu träumen. ...

... Sagte der Igel und stieg von der Bürste.

*

Sie: ... Und du hast wirklich Kakteen rund um dein Bett herum zu stehen?

Er: Ja, weil Kakteen mich beim Sex immer so anstacheln![8]

*

---

8   Inspiriert durch den Film von 1936 "Wir Glückskinder"

Ick besauf ma nur noch!

    Jetzt, wo selbst der hochprozentige Schnaps billiger ist, als Benzin, ist das gar keine dumme   Idee!

*

Wat is der Unterschied zwischen Putin und Hitler?

    Putin hat die Atombombe und leider auch die Rohstoffe für weitere Waffen und für Benzin.

*

Kann man Putin eigentlich umrubeln?

    Du meinst umdollarn?

... Beide lachen hämisch ... !

*

Du kochst Gerichte?

    Ja, ick bin Steinbeißer und verzehre am liebsten det Amtsgericht inne Turmstraße in Moabit.

*

Kurzgeschichten und Gedichte
– zwischen Mai 2020 und März 2022 geschrieben

Für Andrea Lonns Trauer-Karte zum Tod ihrer Mutti
Rolf Gänsrich am 16., 17., 18.August 2021

Spiel
Erlösung
Trauer
Wut
Freude
Einsamkeit
Verlust!!!

"Leuchtende Tage – nicht weinen, dass sie vorüber, sondern lächeln, dass sie gewesen." Konfuzius

*

Bei Doktor Robert
Rolf Gänsrich am 12.11.2021

Der Termin ist um 11 Uhr. Also geht man als Berliner so zeitig los, dass man noch ordentlich Luft hat, denn man weiß ja nie, ob es nicht gerade heute einen Stau auf genau der Nebenstraße gibt, auf der es noch nie einen Stau gab, oder ob die Straßenbahn nicht mal so überpünktlich ist, dass der Anschlussbus noch immer in weiter Ferne durch die Müggelberge gurkt.
Weil aber keines der befürchteten Chaosse eintritt, ist man nun über-über-überpünktlich und reiht sich deshalb zunächst in die lange Schlange vor dem Empfangstresen mit ein. Natürlich alles mit Abstand, denn hier liegt Corona quasi schon in der Luft. Gut dass man über-über-überpünktlich war, denn diese Zeit braucht man jetzt hier. Patientin Müller hat ihren Rollator vergessen und schiebt sich derweil

55

nochmal von hinten, unter dem lauten Protest der hier Anstehenden, an allen vorbei zum Tresen, wo sie ihren Rollator hat stehen lassen. Das geht jetzt aber nicht mehr ohne Abstände. Herr Meyer weist derweil am Thesen nochmal darauf hin, dass er mit "A-I" und nicht mit "E-Y" geschrieben wird, wärend die Dame hinter dem Thesen Herrn Maier mit A-I darauf hin weist. dass nicht er, sondern Herr Meyer mit E-Y gemeint war. Dazwischen boxt sich ein Kind durch die Schlange, stellt sich vor dir auf und fragt: "Onkel, kannste mir das Vorlesen?". Ein Buch mit Buchstaben wird dir vor das Gesicht gehalten. "Y" ist da zu lesen. Man sagt "Y" und ein Herr meldet sich aus dem Warteraum: "Ja, Meyer mit E-Y? Ich bin da?" Und die Tresenkraft ruft: "Ich hab sie gar nicht gemeint!"

Frau Schulze drängelt sich in der Schlange nochmal vor, denn sie war eben beim Arzt drin, hat aber vergessen, dass sie noch ein Rezept für Improvalin braucht, wärend Frau Lehmann bläkt: "Wo bleibt eigentlich mein Krankentransport! Der müsste doch schon seit einer halben Stunde hier sein!"

Endlich ist man an der Reihe. Karte und "Ich hab in 'ner Viertelstunde einen Termin bei ihnen." "Wie war denn der Name?" "Wer, welcher Name war wo?" "Na wie war denn ihr Name? "Also mein Name IST ...." "Na dann setzen sie sich mal in den Wartebereich."

Jetzt wird man also ganz offiziell Teil der Wartegemeinschaft. Man betritt den Raum und sagt laut, auch wenn es schon um kurz vor 11 Uhr ist: "Guten Morgen!". Dass man den "guten Morgen" nicht so meint, wissen auch die anderen Anwesenden, denn der Morgen ist beschissen, schließlich sitzt man ja beim Arzt. Es geht ja kaum jemand zum Arzt, weil es ihm sau-gut geht. Man sichert sich durch seinen Rucksack einen Stuhl möglichst nah an der Tür, pellt sich die vom langen Stehen vor dem Tresen schon durchgeschwitzten Klamotten vom Körper und setzt sich. Jedem weiteren Neuankömmling, der freudig "guten Morgen" in den Raum ruft, wird maulig "n morschen", "n-n-n" oder "jen" geantwortet, denn der Morgen ist nicht gut, denn man sitzt schließlich beim Arzt. Aber das hatten wir ja schon.

Ein "auf Wiedersehen" von Gehenden wird genauso mürrisch beantwortet "sehen", "n-n-n", "mh", denn er, sie, es hat es schließlich schon hinter hinter sich und man ist sich sicher, diese Figur im Leben garantiert nie wieder zu sehen. ... Obwohl ... man sieht sich ja immer mindestens zweimal ...

Im Warteraum sieht man nur noch Masken und Augen. Blaue, gelbe, grüne Augen, versteckt unter blonden Augenbrauen oder hinter Brillengläsern. Früher sah man wenigstens noch Gesichter. Heute sieht man nur noch Masken und Augen. ... Da, war das jetzt dein Name, der gerufen wurde? Nein, denn da erhebt sich schon eine andere Person. ... Früher sah man Zeitungsmauern um sich herum, heute Mauern aus Handys, auf die leere Blicke starren. ... Da, das war jetzt ... nein doch nicht. ... Früher entfernten die Männer in den Warteräumen noch die Trauerränder unter ihren Fingernägeln und Frauen schauten verzückt in Liebesromane. Heute sieht man nur noch leere Augen über Masken, die auf Handys starren. Frau Holtz wird aufgerufen, Herr Neumann und ... und ... man selbst.
"Wie geht's ihnen denn heute? Ach ich sehe, ihre Werte sind ja ganz gut. Brauchen sie noch ein Rezept? Na dann war es das für heute. Ja, Termin wie immer in einem Vierteljahr."
Geschafft!

Man stürzt wieder in den Wartebereich, schält sich in die Klamotten, ... ja, der Wohnungsschlüssel ist noch da ... , murmelt ein "Auf Wiedersehen", meint es aber nicht so und bekommt ein mauliges, vielstimmiges "wieder" zurück, bevor man die Arztpraxis verlässt.

Draußen scheint freudig die Sonne aufs graue Haupt.

Das war jetzt also der Kardiologe. Nächste Woche ist die übliche Vorsorgeuntersuchung beim Dentisten mit einem Wartebereich voll "freudiger" Leute.

*

Clara Clarinette
Rolf Gänsrich am 10.3.2021

Clara Clarinette
Henry, Henriette
Sabine
und die Stine,
gingen in einen Shop.
Stopp!

Sie kauften sich
und auch für mich
Orangen
und Zitronen.
Oh! O-Ho!

Was für ein Projekt!
Ach was.
Voll Krass

*

Der Corona-Blues
Live im Radio auf meiner Ukulele vorgetragen!
Rolf Gänsrich am 30.3.2021

Hey, ich brauche'ne Impfung
und zwar schon recht schnell
Denn immer nur testen, macht die Stimmung nicht hell!

Ich will bald die Impfung,
bevor ich krank werd'
doch nur laufend testen, das ist doch nichts wert.

Bitte gebt uns allen Impfstoff
bitte gebt uns allen Impfstoff ... sonst eh ich am Stock ...
und hab keinen Bock ...

*

Frühlingstriebe
Rolf Gänsrich am 26.3.2021

Ich würde mich so gern noch mal
so richtig schön verlieben,
mit allen diesen wunderbaren,
einzigart'gen Trieben.

Ich würde mich so gern noch mal
in dich mich fallen lassen
und dir dabei so zärtlich sein,
mich um dich treiben lassen.

Ich würde gern mein Herze geben
und zart mich an dir kühlen,
dass wir zwei beide nahe sind
uns aneinander fühlen.

Ich würd' so gern dein Herze stilln'
für heute bei dir bleiben
und brauchen nicht auch morgen schon
voneinander scheiden.

Würd' dir so gern ins Auge sehn
und streicheln deine Haut
dann dir alleine nahe sein,
ganz zärtlich und vertraut.

*

Geliebter Brathering
Rolf Gänsrich 24.8.2021

Geliebter Brathering,
der du in deinem Aufguss schwimmst,
von Gräten befreit,
ohne Kopf und Schwanz,
Bar deines Hauptes,
Bar deines Rogens und innerer Organe
nur als Filet,
in köstlichem Weizenmehl paniert
mit Liebe in ranzigem Fett gebacken,
mit heißer Salzlösung, Zwiebeln und Mixed Pickles
übergossen,
ein paar Tage ziehen gelassen.
Geliebter Brathering,
du bist mein Genuss des heutigen Abends,
das Betthupferl,
meine alles geliebte Praline zur Nacht,
mein Brathering!

*

Was ist normal?
Entstanden aus einer „kreatives Schreiben Übung" im Rahmen der Proben unserer Theatergruppe
Rolf Gänsrich 2.3.3022

"Du bist doch nicht normal!", rief meine Mutter, als sie mich im Sommer 1977 zufällig dabei beobachtete, wie ich mit der schokobraunen Tochter aus Nachbarsgarten am helllichten Nachmittag hinter dem uns Kindern und Jugendlichen immer etwas unheimlichen Brombeerbusch, der sich über den hinteren Zaun aller Grundstücke hier, entlang eines kleinen Baches erstreckte, wild herum knutschte.
Wie meinte Muttern das jetzt, grübelte ich? War es nicht normal, dass Nachona und ich beim Knutschen immer noch standen? Oder war es, weil wir uns heimlich knutschten?
Auf eine andere Idee kam ich zunächst nicht.
Mein Irrtum klärte sich auf, als Muttern beim Abendessen grantelte; "Na wenigstens biste nicht schwul. Aber wie wir eine Negerin als Freundin deiner Erbtante erklären können, weiß ich auch noch nicht" Katharine Hepburn und Spencer Tracy gingen mir durch den Kopf. ... "Rat mal, wer zum Essen kommt."

Wenige Jahre später ging es in den Beruf. Ich wollte Journalist und Schriftsteller werden, Vaddern sah mich an seiner Seite als Putzer auf dem Bau, Muttern an ihrer Seite als eleganten Bürohengst. "Da machste dir wenigstens nicht die Pfoten so mistig.", meinte sie. Diese Aussicht gefiel mir, ich begann eine Bürolehre und hatte schon am ersten Tag blaue und schwarze Finger vom Durchschlagpapier und vom Farbband der mechanischen Schreibmaschine. Das Maschine schreiben brachte mich meinem eigentlichen Berufswunsch nur unwesentlich näher.

Ein Jahr nach der Lehre schmiss ich den Job und wechselte übergangslos in eine andere Bude. Weder wurde man im Büro mit Geldverdienen reich, ... das war sooo mies bezahlt ..., noch wurde ich zum Hengst. Mein Vater tobte nach meiner Entscheidung: "Du musst dich doch auch mal wo anpassen! Wir wollen doch alle nur dein Bestes, Junge!" Das war wie so oft. Wenn meine Eltern meinten, sie wollten nur mein Bestes, ging das meist nach hinten los. Deshalb hörte ich selten auf sie. Wie zum Beispiel, als sie mich mit Sibylle verkuppeln wollten, denn die hatte, Zitat: "reiche Eltern im Westen". Ich mochte Sibylle nicht. Die roch immer nach Mottenkugeln und Leberwurstbrötchen. Und ich hasse Leberwurstbrötchen! Statt dessen knutschte, oder so ähnlich, ich mich lieber mit Sibylles bester Freundin Tina. Tina war lieb, verständnisvoll und duftete immer lecker nach Goldbroiler.

Ich träumte von einem Leben mit Tina in unserem gemeinsamen Einfamilienhaus im Speckgürtel Berlins, von unseren beiden Autos, unseren zwei zuckersüßen, strohblonden Kinderlein und von gemeinsamen Grillabenden mit unseren Nachbarn, bei denen sich unsere Kinder hinter den Brombeerbüschen mit den Nachbarskindern wild herum knutschten und ich rufen dürfte: "Ihr seid doch nicht normal!"

Leider war Tina flatterhaft und so bekam ich als bald den Grund dafür mit, warum sie immer nach Goldbroiler duftete, denn sie hatte neben mir noch ein Verhältnis mit einem Grillhähnchenverkäufer. Und so schrie ich sie an: "Du bist doch nicht normal!", als ich sie eines Tages in Flagranti mit ihrem Hähnchenspießer erwischte und träumte fort an von meinem Einfamilienhaus und meinen zwei zuckerblonden Kinderlein ohne Tina.

Irgend etwas stellte sich aber meinem Traum insgesamt entgegen, ... meinem Traum von einem normalen Leben, mit allmählichem, gradlinigem, beruflichem Aufstieg, dem reich und berühmt werden, dem Einfamilienhaus mit der kleinen, lieben, pummeligen Antje als mich liebender Gattin und den zwei zuckerblonden Kinderlein. Statt des angesehenen Bürohengstes wurde ich zum einsamen, grauen, brummigen Bären, der sich am liebsten in seiner Höhle am Prenzlauer Berg verkriecht.

Hätte ich ein normales Leben überhaupt gewollt?

Zur Fortsetzung siehe Text: "Ideale" in Kurzgeschichten 1

*

Nach Corona
Rolf Gänsrich, am 8.9.2021 *nach einer Eingebung bei der Fahrt auf dem eigenen Kleinkraftrad an der Parkaue in Lichtenberg angehalten und schnell am Straßenrand als Notiz auf dem Handy getippt*

Im nächsten Jahr, im nächsten Jahr,
ja da wird alles wunderbar!
Da werden wir im Sand uns Wühlen,
im Meer die Koteletten spülen.
Und ganz gewiss schon heute schwören,
dass wir uns're Nachbarn stören.

*

Erkenntnis:
Ich bin mit sozialdemokratischen Werten damals in die SED eingetreten, die von Kommunisten dominiert war.

*

Sabine
Rolf Gänsrich am 13.4.2021

Es sagte die holde Sabine
im schönigsten Geigengesang:
"Ich gehe jetzt auf die Latrine
und setze mich dann auf 'ne Bank."

Da sprach der hirschgroße Ritter:
"Ich liebe den Bänkel-Gesang!
Die Mandeln sind zwar meist bitter,
aber für dich sing ich auch auf dem Hang."

Da kichert die holde Sabine
und gluckste in sich hinein.
Sie ging zuerst zur Latrine
und trank anschließend süßlichen Wein.

*

Zu hause
Rolf Gänsrich am 25.8.2021

"Kann ich dich nachher mal anrufen?"
"Ja, aber ich arbeite, wenn dann nur kurz."

"Aber du bist doch zu hause!"
"Ja, aber ich arbeite."

"Zu hause?"
"Ja, ich arbeite zu hause."

"Du arbeitest zu hause?"
"Ja, ich sitze an Texten und arbeite daran. Darum möchte ich nicht all zu lange dabei gestört werden, denn ich komme da sonst raus."

"Aber du bist doch zu hause!"
"Ja, aber ich arbeite zu hause!"

"Ist doch gar kein Lockdown mehr?"
"Ich arbeite trotzdem zu hause."

Genau an dieser Stelle klingelte es an meiner Wohnungstür.
Der DHL-Mann! "Können sie eventuell wieder ein
Päckchen für ihre Nachbarin abnehmen, sie sind wenigstens
immer zu hause."

*

T-T
Rolf Gänsrich am 26.3.2022

Taube Tauben
Blöde Nuss
Krumme Schrauben
Abschiedskuss.

Lungensingen
Betriebssparkasse
Sense schwingen
Kalebasse

Pfeiffeneumel
Siebter Himmel
Zuckerschleumel
Bahngebimmel

Siebdruckpflanze
Hohengrüben
Pomeranze
Schreiben üben

Pappelblätter
Sinusbalken
Sandgeschredder
gut verkalken

*

Fickende Frösche[9]
Rolf Gänsrich am 26.3.2022

Fickende Frösche
ficken für Frieden
tun's mit Gekrösche
ohn' sich zu lieben.

Quaken verrückt
nur so könn'n sie es tun
sind ganz verzückt
woll'n nicht ausruhn'.

Liebe das geht nur
in Ruhe und Frieden
niemand der ist stur
wird echt, wahr lieben.

Fickende Frösche
könn'n Vorbild uns sein
Give Love and Peace
lasst uns das schrein!

---

9   Dank an Pauline, Alexandra, Mago, Mele und Jens – Die
    Strotzenden – für diese Inspiration bei einer unserer
    Theaterproben!

Radiotexte von Herbst bis Jahresende 2020

Vielfalt = viele Falter falten viel!

*

Mir scheint allmählich, dass immer mehr Menschen Corona zum freudigen Anlass nehmen, um endlich, endlich mal so richtig durchdrehen zu können. Die Bürgerinitiative um Ralph Boes, da hab ich die interne Info, dass die alle an diesen Anti-Corona-Demos teilnehmen, denn dort seien schließlich, Zitat: "nur gute Nazis unterwegs." Eine Künstlerin, aus der Uckermark, traut sich nicht, im Dezember zu mir in den OKbeat zu kommen, weil sie Angst hat, dann hier in Berlin zwangsgeimpft zu werden, denn schließlich bauen wir hier in Berlin ja schon die Impfzentren auf. Leute, hört auf, zu viele Pilze, Cannabis oder Sauerkraut zu rauchen, dann wird auch alles wieder gut!

*

Ich weiß nicht, früher waren Bonbons einzeln in echtes Papier eingewickelt oder komplett lose in der Tüte. Heute sind sie in so eine komische PET-Folie gewickelt. Beim auswickeln findet man erst den Anfang des "Papiers" nicht, dann klebt der Bonbon zum Teil in der Folie, die Folie reißt deshalb, dadurch muss man nun nochmal mit den Fingern nachfassen und klebt damit an Folie und Bonbon und nach zehn Minuten klebt einem schließlich die Bonbonfolie am halben Körper und der Bonbon einem oben in den Haaren. Früher war alles viel früher!

*

Meine neue, kleine Freundin ist etwa 55 cm groß, hat vier Saiten, ist C-gestimmt und nennt sich Sopran-Ukulele. Sie hat die Saiten G, C, E, A. Nach einer Woche üben kann ich erst fünf Griffe – C – C7 – Am – A7 – F

... spätestens wenn ich mit drei Fingern greifen muss, verheddern sie sich unter einander ... aller Anfang ist schwer. Man fühlt sich beim Ukulele üben im Lockdown nicht mehr allein, weil nach spätestens zehn Minuten die Nachbarn an der Tür klingeln, um sich über den Lärm zu beschweren.

*

Frage: verschickt ein Weinhandel Tränen?

*

Weihnachtsplätzchen kommt in diesem Jahr von "Weihnachten platzt".

*

Kalenderspruch von Vorgestern ... das heißt, der Kalender ist noch weit vor der Pandemie, im Frühjahr 2019 gedruckt worden, Zitat: "Machen Viren dir Verdruss? Leg dich ins Bett mit Spiritus!" Ja, und dann noch eine Zigarette anzünden und man hat nie wieder Probleme mit Viren!

*

Weihnacht zu Corona,
das geht nur ohne Oma!

*

Ein Polizist, zwei unterschiedlich gendermäßig Homosexuelle, ein Jude, ein Moslem, ein Einarmiger, ein Schotte, ein Veganer, ein Russe, ein Kind, ein Ami, eine buckelige alte Frau, ein Afrikaner, ein Pole, ein Christ, ein Deutscher, ein Autofahrer, ein Mexikaner, ein Schmalmaulfrosch, ein Radfahrer, ein Besoffener, ein Politiker, ein Marktschreier, ein Ostfriese, ein Bayer, ein Sachse, ein Berliner, ein Brandenburger, eine Blondine, ein Hase, ein Breitmaulfrosch, Fritzchen, ein Blinder, ein Arzt, ein Lehrer, eine Sekretärin, ein Handwerker, ein Bauer, ein Ossi, der Papst, ein älteres Ehepaar, ein Beamter, ein Schlagersternchen, eine Friseuse und ein Außerirdischer, stehen mit genügend Abstand und Maske um einen brennenden Weihnachtsbaum im Park herum. Ein alter, weißer Mann, der Weihnachtsmann, gesellt sich dazu und will einen Witz erzählen. Da kommt ein Wanderer des Wegs und sagt zu dem indischen Fakir, dem Rocker, dem Kannibalen und dem gentrifizierten Schwaben: "Ick sag heute lieber nichts!"

*

Beim RIAS gab es die Nachrichten meist zur halben Stunde ... so will ich das heute hier auch handhaben ... Haben wir hier in der Datenbank von Rockradio eigentlich einen schönen Nachrichten-Jingle vom RIAS? ... Nein? ... na dann nehme den hier aus meinem Archiv:

Berlin - Der Weihnachtsmann wurde bereits am frühen Vormittag in Berlin gesehen. Für seine Tour durch die Stadt lieh er sich seine Rentiere im Tierpark Berlin. Unseren Reportern erklärte er auf Nachfrage, er heiße von nun an Bettina und würde dem Christkind jetzt endlich nicht mehr auf den Sack gehen!

Purchase, New York - Coca Cola teilt mit, entgegen dem Wunsch von Ex-Präsident Donald Trump sei Corona gefährlich. Coca Cola wolle deshalb auch nicht Donald Trump nach seinem "freiwilligen" Amtsabtritt als US-Präsi einstellen. Wie ein Sprecher der Sprudelfirma betonte, befürchtet man, Doni würde dann nämlich die schönen Absatzzahlen der Brause noch weiter "verschönern" und den Weihnachtsmann nicht mehr einreisen lassen, da der ja aus Europa komme.

Sassnitz - Zum Absturz einer Jahresendflügelpuppe kam es, als Rentier Paule P entgegen dem Rat von Freunden und seiner Frau seinen Weihnachtsbaum im Wohnzimmer bereits schmücken wollte, noch bevor seine Kumpline Lillie Ledig den Baum dafür beim Händler gekauft hatte.

Dresden - Weil das Christkind darauf beharrte, seinen Mund-Nasen-Schutz bei der Bescherung zu tragen, ist es von Corona-Leugnern aus einer Suchtklinik ausgepfiffen worden und musste darauf hin von Rentieren beschützt werden. Dem verblüfften Reporter des Weihnachtsbaums erklärte das Christkind, es sei in diesen Tagen lieber ohne Höschen, als ohne Maske unterwegs.

Berlin - Der Einzelhandelsverband Berlin-Brandenburg weigert sich auch im kommenden Jahr mit Schokolade gefüllte Kalender mit 365 Türchen zu verkaufen. Ein entsprechendes Gesetz müsste, so der Vorstand des Einzelhandelsverbands Busch-Petersen, erst vom Berliner Abgeordnetenhaus beschlossen werden.

Das Wetter kommt von Helmut Gerlingen direkt aus dem Funkhaus des Rias-Berlin in der Kufsteiner Straße und ist vom 7. Juli 1981.

*

Dank Corona kommen wir in Berlin jetzt zu einer Verkehrswende, die wir so nicht haben wollten. Die Fahrschulen fahren an ihrer Kapazitätsgrenze. Tja, im Winter auf dem Fahrrad, das ist doch verdammt kalt.

*

Steve Miller und Band besingen einen Raubüberfall aus Langeweile. Das waren noch Zeiten, als es in Banken und Sparkassen den Bargeldschalter gab. Unter Corona wäre jetzt am Bargeldschalter kostenlos Geld abheben so einfach! Haben sie Mitleid mit Räubern und Kleinkriminellen! Die haben jetzt auch Verdienstausfall. Brieftaschen klaut es sich doch am besten in vollen Bussen und Bahnen und auf Weihnachtsmärkten. Dürfen Kleinkriminelle jetzt auch Überbrückungshilfen beantragen?

*

70

Eine Hörerin aus dem Bundesgebiet, Tina, hat mir die Tage einen kleinen Filmausschnitt von einer Pressekonferenz geschickt, in dem ein Landrat sagt, Zitat: "Politische Entscheidungen sind nicht immer logisch." Und Tina fragt nun, was ich von dieser Aussage halte und ob ich ihr das erklären kann.

Liebe Tina, das mache ich doch sehr gerne. Machen wir das mal am Beispiel eines Radweges.
Ein Bürger hat die Idee, dass in seiner Stadt ein 100 m langer Radweg von Punkt A nach Punkt B eine gute Sache wäre. Um sich mehr Gehör zu verschaffen und um stärker zu werden, gründet er eine Bürgerinitiative.
Schon nach kurzer Zeit sind sich die Bürgerinnen und Bürger darin einig, dass ein Radweg nicht nur von A nach B, sondern besser noch bis Punkt C mit 200 m Länge gebaut werden sollte.

Mit diesem, ihrem Wunsch, geht die Bürgerinitiative in das Wahlkreisbüro der Partei A und redet mit dem Politiker A. Politiker A findet, einen Radweg von A nach C zu bauen, ist eine sehr gute Idee, aber leider erwischt man den Hotspot, wo er bisher immer seine meisten Wählerstimmen bekommen hat, nur zum Teil und so schlägt Politiker A vor, den Radweg von A nach B, mit einem Umweg über D nach C zu bauen. Der Radweg ist nun 250 m lang.

Die Bürgerinitiative kann mit diesem Kompromiss leben und Politiker A nimmt nun diesen Vorschlag mit in seine Fraktion. Mit ihrem Vorschlag geht die Bürgerinitiative nun zur Partei B.

In der Fraktion der Partei A findet man den Radweg von A, über B und D nach C noch immer sehr gut, aber auf der ersten Hälfte des Abschnitts zwischen A und B kann man

71

rein vom Platz her keinen Radweg bauen. Und so einigt man sich in der Fraktion darauf, den Radweg von E nach B, über D nach C zu bauen. Der Radweg ist jetzt sogar 300 m lang.

Auch der erste Ansprechpartner der Bürgerinitiative in der Partei B ist dem Ansinnen der Bürgerinitiative sehr aufgeschlossen gegenüber. In dieser Fraktion einigt man sich allerdings später darauf, einen Radweg von B über C nach F zu bauen. Diese Variante des Radwegs ist allerdings, wie die von der Bürgerinitiative, nur 200 m lang.

Und so tippelt die Bürgerinitiative von Partei zu Partei.

Für einen Gesetzentwurf zum bauen eines Radwegs müssen sich nun die Regierungsfraktionen der Parteien A, B und C auf eine Radweg-Route einigen. Um allen gerecht zu werden, einigt man sich auf der Regierungsbank darauf, einen Radweg von E ohne Punkt D und C, nach F zu bauen und man bringt diesen Vorschlag nun in eine Plenarsitzung ein.
Oppositionspartei D findet den Radweg im Grunde genommen gut, hat aber Bedenken, dass nun die Autofahrer am Punkt A zu sehr rasen und schlägt deshalb vor, einen Radweg von A nach E und weiter zum Punkt G zu bauen.

Oppositionspartei E stellt fest, dass ihre Klientel gar nicht berücksichtigt wird und schlägt deshalb einen Radweg von von Punkt H über I nach K vor. Oppositionspartei F möchte dagegen nur einen Radweg von K nach L.
Nach zähen und langwierigen Verhandlungen und weil es Abweichler in der eigenen Fraktion gibt, kommt endlich nach zweiter Lesung im Parlament ein Gesetz durch, das einen 100 m langen Radweg von Punkt O nach Punkt P und zusätzlich einen Fußweg von Punkt R nach Punkt W vorsieht.

Die Verwaltung denkt nun allerdings gar nicht daran, einen Radweg zu bauen, denn bei allen Varianten, müsste man ebenerdig eine Bahnstrecke kreuzen. Bahnübergänge mit eigenem Radweg zu bauen, ist nämlich auf Grund vorhandener Bauvorschriften der Bahn und des Bundes viel zu kompliziert. Und so entscheidet sich die Verwaltung, eigenständig, lediglich einen 50 m langen Fußweg von B mach D zu bauen.

Ein Radweg wird nicht gebaut.

Liebe Tina, das ist damit gemeint, wenn man sagt, politische Entscheidungen sind in einer Demokratie nicht immer logisch. Ich hoffe, ich habe damit deine Frage beantwortet.

Im Idealfall geht jetzt der Bürger, der ursprünglich die Idee mit dem Radweg hatte, nun selber in die Politik.

In einer Diktatur läuft das anders. Noch immer wollen die Bürger und die Kommunalpolitiker des Ortes einen Radweg bauen. Die Zentralregierung entscheidet aber, statt dessen hundert Einfamilienhäuser samt Grundstücken ersatzlos zu enteignen und dort eine Autobahn zu bauen.

*

... nur in pommes-rot-weiß gelaufen:

Nun hatte ich mich gerade damit abgefunden, dass Lord Knud tot ist, man die Leiche seiner Sendung "Evergreens a go go" halbwegs und nur lieblos wiederbelebt hat, ... hörste eine Sendung davon kennste alle ... und diese Sendung nun bei einem schlimmen Schlagersender läuft, schon kontert dieser Schlagersender, er hat übrigens in Berlin nur ein Viertel der Hörer, die der OKbeat hat, mit dem nächsten ... "Coup"! Das Gruselduo Stefan Mros und sein drittes Eheweib Anna-Carina Woitschack moderieren bei diesem Schlager-Sender dort nun nach den "Evergreens a go go" jede Woche zwei Stunden aus ihrem hauseigenen Wohnmobil volkstümelnde Schlager.

... ja ... ähm ... wahrscheinlich weil ihre Kinder sie sonst aus ihrem Reihenhaus rauswerfen. Dabei betont Anna-Carina immer wieder, wie gut Stefan bläst, also vermutlich auf seiner Trompete ... Mensch das will doch keiner wissen ... und Stefan erzählt laufend, wie kuschelig sie es in ihrem Wohnmobil haben. Auch das will ich nicht wissen und ich will mir auch nicht vorstellen, wie die beiden aus ihrem kuscheligen Bett in ihrem mobilen Wohnmobil Schlager moderieren!

Also nicht mal mehr im Winter hat man nun vor Stefan Mros ruhe. Und müssen dieselben Leute denn ihre vom Dauergrinsen verzerrten Hackfressen nun ständig in jede Kamera halten. In der ARD sind es Florian Silbereisen, Stefan Mros und seine Anna-Carina, im ZDF ist es Helene Fischer, Stefan Mros und seine Anna-Carina!

Bitte vergoldet den Superreichen nun zu Weihnachten nicht auch noch ihren Bauchnabel! Es gibt ja schließlich noch andere Musik!

*

Radiotexte von 2021

Wie das Traumschiff im ZDF entstand.

Die Ursprünge des Traumschiffs war ein Frachter ... und der fuhr nicht mal im Westdeutschen, sondern im DDR-Fernsehen über die Weltmeere und brachte das überseeische und teilweise kapitalistische Ausland auf die DDR-Bildschirme.

Es passierten damals komische Dinge im DDR-Fernsehen. Die 26 Folgen umfassende britische TV-Serie um den Freibeuter und britischen Volkshelden Sir Francis Drake wurde in Deutschland zuerst in der Bundesrepublik in der ARD ausgestrahlt, zeitgleich aber waren zumindest sechs Folgen davon auch im DDR-Fernsehen zu sehen.

Die von der amerikanischen Gesellschaft NBC in 165 Folgen produzierte Fernsehserie um den amerikanischen

Nationalhelden und Waldläufer Daniel Boone, wurde mit 34 Folgen ausschließlich in der DDR ausgestrahlt, eine deutsche DVD-Veröffentlichung fehlt bis heute. Wenn ihr mehr über Daniel Boone erfahren wollt, ich hab ihn an Hand exakter Fakten in meinem Abenteuerroman "Zwanzig Fässer Sauerkraut – Teil 2 – zwischen den Indianern / zwischen den Fronten" untergebracht.

Beim ZDF-Traumschiff passierte es genau anders herum! Das DDR-Fernsehen drehte von 1974 – 76 die neunteilige Serie "Zur See", mit einer Länge von 60 – 75 min pro Folge. Ein amerikanischer GI, in Westberlin stationiert und für den Soldatensender AFN arbeitend, sah diese Serie, fand sie gut und verkaufte diese Idee ... Ein Schiff auf großer Fahrt und die Schicksale darauf und drum herum .... an die amerikanische Senderkette ABC, die daraus von 1977 – 1986 das Love-Boat mit 249 Folgen die durchschnittlich 50 min lang waren, machte. Seit deren Ausstrahlung auf Sat 1 ab 2. Januar 1985 wurde nur etwa die Hälfte der Folgen, bis heute, deutsch synchronisiert und gezeigt ... mit Fug und Recht, denn die bislang hier in Deutschland nicht ausgestrahlten Folgen sind extrem Frauenfeindlich ... die gesendeten Folgen wurden einheitlich auf 45 oder weniger Minuten gekürzt und teilweise ganze Handlungsstränge dabei heraus geschnitten.
Der deutsche Fernsehproduzent Wolfgang Rademann kannte beide TV-Serien und machte 1981 aus den Ideen von "zur See" und Love-Boat das Traumschiff für das ZDF. Das Traumschiff ist zwischen 60 – 90 min lang und wurde zum Teil auf dem unter DDR-Flagge fahrenden DDR-Kreuzfahrtschiff Astor gedreht.
Ich selbst hab so meine Probleme mit der Erzählweise von bundesdeutschen Film-Produktionen. "Das Boot" erst vor wenigen Tagen ausgestrahlt, hatte die Kraft eines russischen Melodrams. So sind auch die Karl-May-Filme gedreht, der

Film zum Bestseller "Onkel Toms Hütte" ist ja aus der selben Zeit und in der selben Art gedreht und so ist halt leider auch das Traumschiff: Es ist nie wirklich spannend, nie wirklich lustig, nie herzzerreißend traurig, sondern es dümpelt halt wie in einer Flaute oberflächlich vor sich hin und man zeigt Landschaft. Wir können selbst bei besten Vorlagen die Geschichten selten im Film ordentlich erzählen. ... Schade! ...

*

Zwei Kannibalen essen einen Clown. Sagt der eine zum anderen: Schmeckt irgendwie komisch!

*

Die Herstellung von Bier, Korn und Whiskey beginnt auf die gleiche Art. Getreide, Gerste, Roggen, Hafer. Weizen und nur bei der Whiskeysorte Bourbon auch Mais, wird in Wasser eingeweicht und zum keimen gebracht. Diese Keimlinge legt man anschließend zum trocknen, zum darren, auf Dörrböden aus. Ist das gekeimte Getreide getrocknet, wird es anschließend mit den Keimen in einer Mühle zu Schrot vermahlen.

Dieses gedarrte und geschrotete Korn wird nun wieder in Wasser eingeweicht und mit Enzymen versetzt mehrere Tage lang auf etwa 40 – 45 °C erwärmt.

In dieser Maische entsteht schon der erste Alkohol.

Nebenher wird die Würze gekocht. Auch Malz ist getrocknetes, vorgekeimtes, geschrotetes Getreide, das aber nochmal, wegen des Aromas geröstet, wird. So entsteht das Malz. Und nur beim Bier brauen wird an dieser Stelle, wegen der Haltbarkeit des Bieres, der Hopfen hinzu gegeben.

Diese Würze und die andere Getreidemaische werden nun vermengt und aufgekocht. Dem nun entstandenen Sud gibt man Gärhefe hinzu und lässt das ganze jetzt etwa eine Woche lang vor sich hin sprudeln.

Bier wird nach dieser schnellen Gärung seine Feststoffe

entzogen und es wird im Idealfalle in Holzfässern, heute leider nur noch in Edelstahltanks bei niedrigen Temperaturen weiter vergoren. Wobei man nur die Berliner Weiße bereits nach ein paar Tagen in Flaschen abfüllt. Das, was den Geschmack der Berliner Weiße ausmacht, ist wie auch beim Sekt oder Champagner, die Flaschengärung.

Bei Korn und Whiskey wird die Getreidemaische, im Gegensatz zum Bier, über Feuer gebrannt, also der Alkohol und die Würze entzogen, diese aufgefangen und abgefüllt.

Die ausgefilterten Feststoffe von Bier, Whisky und Korn sind begehrte Futtermittel.

Weinbrand wird aus gebranntem, trinkbarem Wein hergestellt. Der fast geschmacklose Wodka ist heutzutage ein Kartoffelschnaps. Rum wird aus vergorenem Zuckerrohr hergestellt. Tequila aus vergorener Kaktusfeige. Gin ist ein Kornbrannt, dem lediglich als Aroma noch Wacholder beigemischt wurde. Die britische Queen-Mum war zum Beispiel Gin-Liebhaberin.

Um das Trinkwasser auf den Schiffen früher haltbar zu machen, wurde dem Alkohol beigemengt, denn immerhin brauchte ein Segelschiff von Europa bis in die Karibik etwa sechzig Tage und hatte zwischen zwanzig und dreißig Mann bei Handelsschiffen und fünfzig bis weit über einhundert Mann Besatzung bei Kriegsschiffen.

Den wenigen deutschen Handelsschiffen gab man, wie auch in Frankreich, Branntwein mit, die Iren, Schotten und Engländer tranken einen Kornbrannt, der in Irland und Schottland Whiskey hieß. Auf ihrer Rückfahrt aus der neuen Welt wurde dort aus den bei der Zuckerraffinierung anfallenden, preiswerten Zuckerrohrresten der damals billige Rum gebrannt.

In Amerika wurde recht bald Weizen, Gerste und Roggen im Whisky durch einen Teil des billigeren, schneller wachsenden Mais ersetzt. So entstand der Bourbon.

Weil zur Herstellung von Kornbrannt Getreide verwendet

wird, war seit Beginn des 1. Weltkrieges, bis weit nach dem zweiten Weltkrieg dessen Produktion in Deutschland offiziell verboten, weil man das Getreide für Lebensmittel brauchte. Erst ab 1954 wurde durch die alliierten Besatzungsmächte die Herstellung von Kornbrannt wieder gestattet.

Im Kornbrannt darf auf keinen Fall Mais sein. Er wird heutzutage, im Gegensatz zum Whisky, meist in Edelstahltanks gelagert. Ein sogenannter „Korn" muss mindestens 32 Vol-% Alkohol haben, „Kornbrand" darf es sich erst ab 37.5 vol-% Alkohol nennen.

Der erste echte Korn wurde im 15. Jahrhundert in Nordhausen gebrannt.

Das Korn brennen war allerdings bereits christlichen Mönchen bekannt, als sie im 5. Jahrhundert versuchten, auf den irischen Inseln die Menschen zu missionieren.

Aus ihrem irischen Kornbrand wurde der Whisky.

Der schottische Whiskey, der kurz Scotch genannt wird, wurde erst nach den irischen Hungersnöten Ende des 19. Jahrhunderts populär. Davor war es der irische. Die unterschiedlichen Schreibweisen von „Whisk(e)y" sind korrekt!

Whisk(e)y sollte mindestens drei, besser zwölf bis 25 Jahre in Eichenfässern lagern. Gern nimmt man dazu Fässer, in denen vorher Weine wie Sherry, Weißwein, Portwein, Madeira oder Rum lagerte. Beim Bourbon brennt man die Fässer auch gern vor der Befüllung innen einmal aus.

Die bekannten Whisky-Marken Jim Beam und Jack Daniels sind amerikanische Bourbon. Der neben Jack Daniels weltweit meist verkaufte Johnny Walker ist ein Scotch. Die bekannteste irische Whiskey-Marke ist Tullamore Dew.

Grob wird unterschieden nach einem blended oder einem Malt oder Single Malt. Beim Blended werden wie beim Rum- oder Kornverschnitt mehrere Fässer mehrerer

Jahrgänge und mehrerer Lager miteinander gemischt, um eine dauerhaft gleichbleibende Qualität und einen gleichbleibenden Geschmack zu gewährleisten.

Malt oder Single-Malt haben dagegen Charakter. Sie werden aus den Fässern nur eines Lagers und nur eines Jahrgangs abgefüllt. Sie schmecken daher, auch wenn sie von einem Hersteller sind, immer wieder anders.

Wie ihr euren Whiskey trinkt, ist sicher Anschauungssache. Man kann ihn sich mit sprudelndem Mineralwasser verdünnen oder mit Eis, on the Rocks, verlängern. Der Kenner trinkt ihn wie ich, aus einem großen Glas, Handwarm, weil sich so seine Aromen am besten zeigen. Man riecht zuerst daran und lässt ihn dann genüsslich auf der Zunge zergehen, bevor er langsam und ölig den Hals hinab rinnt. ... So trinke ich meinen Whisky.

Übrigens echter kubanischer Rum, also der, der wirklich aus Kuba kommt, wird dort in alten Whiskey-Fässern gelagert, wo er sein Aroma bekommt. Auch den genießt man am besten Handwarm.

*

Sind schon komische Menschen unterwegs, da draußen. Eine Dame, der ich bei Instagram folge, zum Beispiel, versuchte jeden, der ihr in die Finger kommt, zur veganen Lebensweise zu bekehren. Allerdings trägt sie bei ihren Videos und auf Bildern meist echtes Leder oder echten Pelz.

*

Wenn das mit den Corona-Impfungen so weiter geht, sind wir noch in zehn Jahren im Lockdown! Sehe das schon live vor mir!

"Ja, ja, ... sieh mal, mein Enkelchen, das ist ein Laden, in dem es mal Waschmaschinen, Computer, Telefone und DVD's zu kaufen gab."

"Was denn, Opi, gab es es Computer und Waschmaschinen mal so zu kaufen, wie heute Butter, Salat und Badesalz?"

"Ja, genau so. Und es gab in einigen Geschäften sogar Personal, dass man mal fragen konnte. ... Und das da drüben war mal eine sogenannte Kneipe. Da konnte man sich an einen Tisch setzen und ein sogenannter Kellner brachte einem das Getränk, das man wünschte, direkt zu einem."
"Opa, jetzt übertreibst du aber. Kellner kennt man doch sonst nur aus echten Büchern."

*

Was ist der Unterschied zwischen Waldkauz und Uhu? Uhu klebt besser.

*

Nichts lässt dich eine Einsamkeit mehr spüren, als der Mindestbestellwert beim Pizzaservice.

*

Fragt mich die Verkäuferin im Supermarkt doch gestern, was ich mit der Damenstrumpfhose in meinem Korb machen will. Sag ich: "Bei ihnen wieder einkaufen."

*

Merke: Senf ist wie Ketschup, nur völlig anders!

*

Frage mich, wer den Geschmack von Hundefutter testet?

*

Und für Donald Trump gilt: Mancher ist so verkalkt, dass er sich für sein eigenes Denkmal hält.

*

Entertainer Michael Schanze ... der Schlager, den er macht, hatte ich so als den Rollce-Royce unter den Schlagern der damaligen Zeit im Hinterkopf, fast gleichbedeutend mit dem, was Udo Jürgens machte.

Hab mir deshalb, weil ich im Lockdown Langeweile hatte, mal eine CD von ihm, beim einschlägig bekannten Online-Händler, der mit seinen miesen Arbeitsbedingungen, geholt und mal unter heutigen Bedingungen das ganze abgehört.

Also musikalisch, vom Arrangement, der Orchestrierung, den Melodien haben die Schlager von Michael Schanze nach wie vor Rollce-Royce-Qualität.
Da reichen Helene Fischer, Andrea Berg oder Beatrice Egli bei weitem nicht ran, Götz Alsmann oder Annett Louisan erreicht er aber nicht!

Aber dann hab ich mal auf die Texte in den Schlagern von Michael Schanze geachtet. Die gehen ja gar nicht! Also selbst wenn man bedenkt, dass das Zeugs aus den späten 70er, frühen 80ern ist, geht das nicht. Das was Michael Schanze da singt, ist absolut frauenverachtend! Was für ein ekeliges Macho-Schwein. Zu Kindern lieb sein, aber Frauen als Ding betrachten.
Im ersten Moment denkt man so, nette Melodei, netter Text, nicht anstößig.

Beispiel 1 "Es ist morgen und ich liebe dich noch immer".

Ich übersetze den Text jetzt mal ins Berlinische und zwar so, wie er gemeint ist:

Man, Alte ey, alle andern Frauen vor dir konnten ja nicht mal Kaffe kochen, ... hö-hö ... aber du hast mir heute Nacht so einen geknattert, dass ich dich wahrscheinlich sogar nochmal wiedersehen möchte. Alte, du warst die beste, mit der ich jemals in der Kiste war, nur nervt mich diese verdammte Platte von Barry White, die noch immer in der Leerrille rauscht.
Genau das meinten also meine ganzen anderen pubertierenden Kumpels von mir, wenn sie am Biertisch damit prahlten, wie geil es ist, mal mit einer eine ganze Nacht lang durchgeknattert zu haben. Wenn du weiter so gut in der Kiste bist, denn bleib ich doch glatt bei dir.

Beispiel 2

Die Übersetzung zu "und mein Zug fährt weiter":

Haha, ich bin weg und diese dusselige Planschkuh wird mich nie wieder sehen! Die bin ich Gott sei dank nach dieser Nacht los. Diese dumme Pute ist ja so dusselig, dass sie nicht mal meinen Abschiedsbrief, den ich ihr auf dem Nachttischschrank hinterlassen hab, verstehen wird.

Ach, ich bin zum Glück weg, fahre in ein neues Leben, ohne dieses kleine, dusselige, weibliche Dummerchen, die nicht mal ordentlich Kaffee kochen konnte, im Gegensatz zu dem Dompropst, bei dem ich einst Messdiener war.

Was für ein schöner Tag! Der erste von vielen schönen Tagen, ohne dieses einfältige Weibsbild, die jetzt vermutlich heulen wird, wie ein Schlosshund. Tja, selbst schuld! Was verknallt die sich auch in einen Typen wie mich!

Beispiel 3 – es war fünf vor zwölf

Man, du dusselige Kuh, eigentlich biste mir ja schon immer egal gewesen, also ... sowas von egal. Erst als du letztens mit meinem alten Saufkumpel Udo rum gemacht hast, dachte ich, dass es doch scheiße wäre, Udo dich zu überlassen, wo es für mich doch angenehmer wäre, dich als Trophäe besser zu behalten. Du bist zwar nicht unbedingt die Granate im Bett, die ich immer wollte, aber es ist besser, mit dir zusammen zu sein, als alleine zu sein, denn Prostituierte verstehen zwar ihr Geschäft, sie werden auf die Dauer aber teuer. Also mit dir zusammen zu bleiben, ist bei weitem besser, als mich als Single durch zu ... schlagen.

*

Wie man aus dem Satz: "Schnee bedeckt sind die Berge, aber nur wenn sie sehr hoch sind." einen ganzen Song machen kann, bewiesen uns Ende der 60er Jahre Hazy Osterwald. Na, immer noch sinnvoller als der Songtext "Hyper Hyper" und gehaltvoller als "Dance, everybody dance".   *

82

Dem armen Paul Kuhn hat man mal eine deutsche Cover-Version eines Elvis-Stückes, das der allerdings auch schon von Carl Perkins gecovert hatte, aufgedrückt. Die "blauen Wildlederschuh" gehen auf eine Anekdote von Johnny Cash aus seiner Army-Zeit in Germany zurück, die der mal Carl Perkins erzählt hat und Carl Perkins machte daraus einen Song, dessen bestes Cover von Elvis stammt.

Tja und dann musste Paul Kuhn das Ding auf deutsch singen.

Ich schätze Paul Kuhn sehr, als Band-Leader, als Swinger, als Jazzer, aber als Rock'n Roller war er 'ne glatte Fehlbesetzung. Etwa so, als wenn der Zahnarzt plötzlich einen Blinddarm operiert.

*

Noch so eine musikalische Fehlbesetzung! Howard Carpendale, den, den man aus den Schweinespuren im Sand kennt. Also diese deutsche Coverversion hier ist ja nicht mal eine deutsche, sondern eine denglische.

Aus der Originalzeile, Zitat: "Live goes on, bra" wird bei Howard Carpendale, Zitat: "Live is crazy", weil das der spießige Deutsche im Jahr 1969 vermutlich besser versteht, als den Jamaikanisch-Liverpooler Slang, der Original-Band. Dazu ist die Version von Howard Carpendale einfach billig gecovert. Das Cover ist, ich höre es, auf einer Vier-Spur-Aufnahme-Maschine zusammengeschustert, während das Original schon sechzehn Spuren hatte. Der Chor der Cover-Version ist dünn, die restliche Instrumentierung auch und vor allem fehlt es der Cover-Version an jamaikanischer Lebensfreude. Aber erstaunlicher Weise ist die Komposition aus der Feder von John Lennon & Paul McCartney so stark, dass nicht einmal Howard Carpendale und seine dürftige Instrumentierung das Stück schlecht machen.

Erst das Cover, dann das Original – Obladi-Oblada erst Howard Carpendale, dann die Beatles vom Weißen Album.

*

Ich will mich nicht ständig über die Leute um mich herum aufregen. Es bringt ja eh nichts und ich will euch auch nicht eure gute Laune vertreiben.

Wahrscheinlich fallen einem deshalb die Schwachmaten gerade so auf, weil die ganzen vernünftigen Leute und das ist ja die Mehrheit, zu hause bleiben.

Beispiel Straßenverkehr: anstatt die freien Straßen zu nutzen, um vorausschauend zu fahren, wird gerast, auf Deibel komm raus und jedes Anfahren an einer roten Kreuzung als Rennen genutzt. Dabei könnte man ja auch so fahren, dass man an der nächsten Ampel gleich im zweiten oder dritten Gang weiter fahren kann.

Beispiel Supermarkt 1: Anstatt ihre Einkäufe nach dem bezahlen anschließend an der frischen Luft vor dem Supermarkt einzupacken, wird so wie immer, der Ausgang durch die im Supermarkt Einpackenden verstellt.

Beispiel Supermarkt 2: Beim anstellen an der Kasse gelten auch nach hinten und nach Rechts und Links anderthalb Meter Abstand. Anderthalb Meter sind etwa zwei Armlängen. Anderthalb Meter heißt, dass ich eben nicht den Atem des hinter mir Stehenden am Kassenband schon im Nacken spüre und dass auch der Mensch in der Schlange neben mir diese anderthalb Meter zu mir einhält.

Gut, alles wird gut! Machen wir heute ein bisschen Jazz und Weltallmusik und nicht ganz ernste Gedichte, die ich um Ostern herum geschrieben hab, hab ich auch.

*

Berlin, die Stadt ohne Sperrstunde, jetzt mit nächtlicher Ausgangssperre.

Hab die letzten Nächte unruhig geschlafen und mich gewundert, weshalb, denn es ist hier, bis auf ein paar S-Bahnzüge, die man hört, so ruhig!

Heute morgen fiel mir der Grund ein. Ich bin diese Ruhe und das Vogelgezwitscher nicht gewöhnt! Mir fehlt zum guten Schlaf einfach das sonst übliche Berliner Grundrauschen, bestehend aus Verkehrslärm, Sirenen von Einsatzfahrzeugen, feiernden Touris in Ferienwohnungen, grölenden Besoffenen aus der Kneipe gegenüber und den stöhnenden Grunzgeräuschen aus dem Stundenhotel im Nebenhaus. Es ist ungewohnt ruhig in Berlin!

*

Die, die jetzt auf ihren verschwurbelten Demos von "Freiheit" faseln, wissen nicht, was Diktatur ist.

*

Sie haben noch keinen zu hohen Blutdruck?
Wollen Sie welchen? Dann regen Sie Sich doch einfach mal über alles auf und machen Sie Sich bei ihren Mitmenschen dadurch unbeliebt, in dem sie sich mit einfach jedem anlegen. Verweigern Sie zum Beispiel das Tragen von FFP2-Masken in der Öffentlichkeit. Damit werden Sie eins, drei fix zu hohen Blutdruck bekommen und obendrein auch noch Ehrenmitglied der AfD.

*

Die Boulevard-Presse berichtet es: ABBA steht derzeit, zum ersten mal seit knapp vierzig Jahren, wieder gemeinsam im Studio. ... Ich nehme an, in ihrem Alter in einem Fitnessstudio.
Sollte sich ABBA indes in einem Tonstudio aufhalten, so besteht Anlass zu der Hoffnung, dass sie dort zum ersten mal in ihrer Karriere Musik machen.

*

Dachte ja in meiner Einfalt immer, der Eurovision-Song-Contest sei ein Song-Contest und nicht ein Contest der Pyromanen und Videoeffekte. Vorgestern bin ich bei One versehentlich in den Vorausscheid rein geraten. Gut, radiotauglich ist das Zeugs ja alles, aber auch austauschbar und ideal für den Dudelfunk, fürs Formatradio. Mit Musik hat das aber nichts mehr zu tun! Warte seit 47 Jahren vergeblich auf ein neues Abba-Wunder!

*

In Sachsen, im Erzgebirge, wundert man sich, über die höchste Corona-Inzidenz in ganz Deutschland. Eine gute Kumpeline berichtet mir regelmäßig von illegalen Konzerten, Party's und Treffen und von den sehr vielen Anti-Corona-Demos bei sich im Erzgebirge. Da wundert mich deren hohe Inzidenz gar nicht mehr.

Das ist wie, als wenn man sich statt einer Prise Salz eine ganze Packung Salz in den Suppenteller schüttet und sich dann aufregt, dass es zu salzig ist.

Ich verstehe die Leute nicht!

*

Auf der Mittelpromenade der Karl-Marx-Allee blühen jetzt Mohnblumen. Na das erklärt einiges! Jetzt fehlen da nur noch grasende Wisentherden, beim stillen befindliche Rehkitze, der knatternde Auerhahn und vor sich hin wuselnde Otter.

Leute, das ist die Innenstadt einer Metropole. Wenn da was hin gehört, dann Wohnungen und nicht bis an den Horizont vor sich hin wogende Wildwiesen, ... so nötig die in Deutschland wegen ihrer Biodiversität auch sind.

Aber so lang die Rasenkantenschneider der Umgebung regelmäßig vor sich hin knattern, so lang ist die Welt ja wenigstens noch da in Ordnung.

*

Es ist schon lustig, wenn im Tierpark ein vielstimmiger Chor aus fünfzehn bis zwanzig Kindergartenknirpsen ruft: "Da ist ein Tier!"

*

Deutsch-französische Freundschaft ist, wenn man beim EM-Spiel dem Gegner ein Tor schenkt!

*

Ich bin jetzt also sechzig! Sogar meine Keule hat mir gratuliert! Bei der SPD gelte ich jetzt offiziell als Senior!
Senioren haben Glatze, sabbern Nachts, haben die eigenen Wechseljahre Mitte fuffzig mit zwei parallel laufenden Freundinnen hinter sich und überlegen, ob nicht ein Gehstock sinnvoll wäre. Die Zipperlein mehren sich. Mal ziept es im Kreuz, mal in den Nieren, mal im Kopp, der Blutdruck ist zu hoch, man hat Diabetes, und während man auf dem Kopf die Haare verliert, wachsen sie plötzlich an Stellen, an denen man vorher nie welche hatte: in den Ohren, auf den Zähnen, auf der Nase, auf dem Rücken, ... nur so als Beispiel.
Nein, ich bin nicht reich und berühmt geworden und ob ich wirklich komplett glücklich bin, weiß ich gerade nicht. Meine Traumfrau ist vermutlich tausende mal an mir vorüber gezogen. Anzusprechen hab ich sie mich nie getraut und wenn, dann war es schon zu spät, denn sie war dann immer schon verheiratet oder hatten grade ihre Bi-Phase oder sowas ähnliches.
Mit sechzig ... für reich und berühmt ist es zu spät, für die Traumfrau und eigene Kinder auch. ... Dabei sind doch gerade jetzt die dreißig- vierzig-jährigen Frauen so mächtig attraktiv.
Gut, ich lebe, wie es mir gefällt, aber finanziell kann ich keine großen Sprünge machen. Ich darf hier bei alex-berlin und bei Rockradio.de meinem Hobby nachgehen und Radio machen, ich darf anderen, gegen Geld, meinen Lieblingsstadtteil zeigen und ich darf jeden Monat

87

wenigstens einen Text von mir in einer renommierten Zeitung veröffentlichen. Ich hab mich ans Alleinsein gewöhnt, bin es jedoch leider viel zu oft, aber ich hab auch viele gute Freunde.

Sechzig ... ich glaube, ich bin in meinem Leben angekommen und ziemlich glücklich.

Sechzig ... ich danke euch!

*

Hallo ... machen sie beim Wahl-Bingo mit und machen sie ihr Kreuz am 26. September an der richtigen Stelle! ... Machen sie beim Wahl-Bingo am 26. September mit und gewinnen sie, wenn sie ihr Kreuz an der richtigen Stelle machen! Wahlbingo ... gibt's nur alle vier bis fünf Jahre! ... und nur in diesem Jahr können sie gleich fünf Kreuze auf einmal machen! Wenden sie sich am 26. September für ihre fünf Kreuze im Wahl-Bingo an ihr zuständiges Wahllokal oder Ihr Bürgeramt!

*

Heute wurde auf dem alten Postscheckamt die Antenne geputzt. Na zum Glück senden wir bei alex ja wenigstens nicht so viel Dreck.

*

Wie nannte man früher eine Hörfunkmoderatorin? Funkmaus!

*

Bahnstreik! Die Bahn gehört dem Bund! Der Bund sollte im Interesse der Bürger handeln. Interessenskonflikt! Was ist das größere Interesse? Dass der Bund spart, oder dass die, die der Bund in der Bahn angestellt hat, mehr Geld bekommen und der Bürger gleichzeitig nachhaltig und energiesparend befördert wird? Also ich Bürger möchte, dass die Forderungen der GDL durch den Bund erfüllt werden und dass der Streik deshalb abgebrochen wird!

*

Katholische Würdenträger sind am glücklichsten verheiratet, denn sie haben keine lebende Schwiegermutter!

*

Laufend diese verdammten Fahrraddemos! Dabei ist doch klar, dass man spätestens wenn man fuffzig ist, auf dem Fahrrad nicht mehr von Hohenschönhausen nach Spandau morgens zur Arbeit Fahrrad radeln möchte ... und kann. Statt dessen sollte man lieber für den Bau der U-Bahn nach Weißensee, für den Bau der Straßenbahn von der Warschauer Brücke nach Treptow und weiter zum Herrmannplatz, für den Bau der Straßenbahn nach Spandau, Steglitz oder nach Halensee demonstrieren. Statt dessen jammert man dann lieber: "Oh, was mach ich denn dann während der Bauarbeiten vor meiner Tür mit meinem Auto?"

*

Am Samstag hat doch die FDP an ihren Wahlkampfständen gelbe Windmühlen verteilt. Da die FDP ja nicht wirklich was mit Windkraft am Hut hat, gehe ich davon aus, dass die FDP damit nur deutlich machen wollte, dass es sich bei ihrer Politik vor allem um heiße Luft handelt.

*

Ich weiß nicht, ich wache morgens auf und bin müde. Ich gehe durch den Tag und bin müde, ich gehe Abends ins Bett und bin hell wach. Vielleicht sollte ich nach Neuseeland umziehen. Am Antipoden ist es ja möglicherweise alles anders?

*

Dem Tuter, dem tut es sehr gut
wenn er etwas Tuten tut.

*

Ich verstehe die Impf-Angsthasen nicht! In jedem Brühwürfel von Maggi, in jeder Kammscheibe ist mehr Chemie drin, als in einer ganzen Impfstoffflasche. Jede gerauchte Zigarette, jedes über Holzkohle gegrillte tote

Stück Fleisch und jede Einkaufstour mit dem SUV zum Supermarkt an der Ecke ist für die eigene Gesundheit schädlicher, als eine Impfung. Wovor haben die Impf-Angsthasen Angst?

*

Ich verstehe die Leute nicht, die jetzt, anstatt sich auf Weihnachten zu freuen, frustriert gegen einen Virus demonstrieren. Den Virus kann man eh nur durch Impfung besiegen und nicht durch unangekündigte Demos. Also anstatt frustriert zu sein, freut euch lieber auf das Weihnachtsfest.

... obwohl ... Weihnachten ... da war doch was ... ach ja, die Jesus-Verschwörung! Hilfe!

*

... nur bei Rockradio gelaufen:
Wie viel Verachtung und wie viel Arroganz gegenüber den Menschen, die ihn gewählt haben, muss ein Typ wie der ehemalige österreichische Kanzler Kurz haben, wenn er nur scheinbar zurück tritt und wenn sein Nachfolger sagt, er würde ihn, jemanden der offen bestechlich ist, als Vorbild haben? Ich frag mich, was in deren Köpfen vor geht!

*

... nur bei rockradio gelaufen:
Also Kai Pflaume, in der Show "Klein gegen Groß" zu behaupten, dass Helene Fischer die größte Entertainerin Deutschlands aller Zeiten sei, ist genau so impertinent, wie zu behaupten, der Wasserfloh sei das blutrünstigste Tier, das jemals auf unserem Planeten gelebt hätte.

Das Kind, das in "Klein gegen Groß" gegen Helene antrat, hatte behauptet, Helene Fischer Songs jeweils nur an Hand eines je eine Sekunden langen Ausschnitts zu erkennen, was ich als äußerst schwierig empfand, weil sich alle Helene Fischer Songs total gleich anhören.

Also ich versteh das nicht. Bei Helene Fischer steckt eine Unmenge an Geld im System, deshalb könnte man da ja

90

auch mal richtige Musiker, ein richtiges Tanzorchester mit echten Geigen, echtem Schlagzeug, echten Trompeten, echtem Chor hinstellen und Arrangements hinbekommen, die sich auch von Lied zu Lied unterscheiden, statt dessen wird auch bei Helene Fischer derselbe billige Mist gemacht mit genau dem, mit dem die Major Labels den armen Fans ihr sauer erarbeitetes Geld schon seit Jahren aus der Tasche ziehen.

Helene Fischer hat noch nicht einen ihrer Songs selbst geschrieben, nicht einen Text selbst geschrieben, nicht eine Note angebracht, kein Stück selber arrangiert. Das nenne ich feige und das zeugt von überhaupt keiner Größe als Entertainerin.

Und deshalb ist für Helene Fischer auch kein Platz in meinen Sendungen!

*

Radiotexte von 2022

Wenn gewisse Knallkörper, die zum Beispiel Dynamit statt Schwarzpulver als Treibsatz haben, in der Europäischen Union verboten sind, wieso gibt's die dann in Polen auf den Märkten dort ganz offiziell zu kaufen? Gehört Polen etwa nicht mehr zur E.U.? Vielleicht werden noch alte Wehrmachtsbestände in die Knallkörper eingebaut, so frei nach dem Motto, "ooch, det Zeuchs könnta jerne wieder zurück ham"? Also ich versteh es nicht. ... Punkt.

*

In Wilhelmsruh will man jetzt eine Straße nach Helga Hahnemann benennen. Also wenn, dann bitte Gleichberechtigung und dann auch entweder eine Straße in Zehlendorf nach Lord Knud oder eine in Wilmersdorf-Charlottenburg nach Wolfgang Neuss benennen!

*

Habe jetzt meine Ernährung umgestellt. Die Gummibärchen stehen nun rechts neben dem Computerbildschirm.

*

Ist der Februar schon warm,
nimm mich trotzdem in den Arm.

*

Jetzt bin ich also zum Stecher geworden. Stecher ... und das in meinem Alter! Mein Diabetikerarzt hat mich dazu gemacht. Ich sag euch, das sind Nebenwirkungen! Übelkeit, Erbrechen, Durchfall ... dagegen sind alle eingebildeten Nebenwirkungen der Corona-Impfung ein Scheißdreck!

*

Das I.O.C geht langsam den Thomas Bach runter!

*

Oh, es tut so gut, dass es noch immer Dinge gibt, die sich seit mehr als dreißig Jahren nicht verändern, wie zum Beispiel der Aberglaube, dass moderner deutscher Schlager Musik ist, dass Bier am meisten aus Glasflaschen verkauft wird, die Musiklisten für den OKbeat und der Geschmack von löslichem Zitronentee. Der gefriergetrocknete Zitronentee aus der Dose schmeckt doch immer noch, wie aus den Westpaketen meiner Kindheit.

*

Ich hab mich so geirrt, Russland betreffend! Interessant ist, dass so, genau so von Hitler der II. Weltkrieg vorbereitet und gestartet wurde. Erst hieß es, die Brüder der eigenen Volksgruppe wird im Nachbarland schikaniert, dann ist man in Teile des Nachbarlands einmarschiert, dann die eigenen Bürger in den Grenzregionen zu den Nachbarländern evakuiert, dann wurde ab 5.45 Uhr zurückgeschossen und schließlich bis zum Atlantik durchmarschiert. Die Frage ist, ob Russland nun auch bis zum Atlantik durchmarschieren möchte! Mit dem Einsatz von Nuklearwaffen hat Russland der Welt ja schon jetzt gedroht. Ach Mensch Putin, ich dachte, wir wären Kumpels! Gebietsansprüche stellen, weil irgendwann mal die Grenzziehungen anders waren, ist doch sowas von Oldschool. Wo ist denn dann zeitlich Schluss? Wird Königsberg wieder Deutscht? Werden Elsass und Lothringen neue Bundesländer von Deutschland? Bin ja direkter Nachfahre von Vandalenkönig Geiserich!

... weinerlich ...

Ich will meine Krone zurück ... und Karthago als Hauptstadt ... meines wandalischen Reiches! ...

*

Letzte Meldung! Putin will abrüsten! Russland will sich keine neuen Kernwaffen zulegen, bevor Putin die alten nicht verbraucht hat!

*

Put-Put-Put! Put-in? Besser wäre Put-out!

*

Die Spritpreise an der Tankstelle ...

>betrunken<

... also gute Zeiten für Alkoholiker! Die Flasche echt russischen Wodkas, heimlich geschmuggelt über China und Taiwan, ist jetzt billiger, als eine Tankfüllung! Zumal man sich beim Wodka nicht mal außer Haus begeben muss, weil der einem frei Haus geliefert wird!

*

Zur aktuellen Situation ... Russland rubelt gerade im Wortsinne seine Rohstoffe für Putins Krieg um.

Die Besonderheit des entmilitarisierten Ost-Berlins
aus einer E-Mail von Rolf Gänsrich am 23.4.2021 an einen Leser der Prenzelberger Ansichten (Text ist unkorrigiert!)

… mal eigene diese Erlebnisse aus meiner Grundwehrdienstzeit in der NVA. In den Wehrkreiskommandos saßen nur Grenzer. Die Grenztruppen in Berlin waren als einzige Truppe nicht der NVA, sondern der Polizei unterstellt. Jedes Jahr protestierten die westlichen Aliierten nachtäglich über die Truppenparade der NVA in der Karl-Marx-Allee ... geprobt wurde diese Parade übrigens nie in Berlin, sondern auf dem Autobahnring in der Höhe von Michendorf. Da wurden dann ebend alle Jahre wieder drei Wochen vor der Parade für mehrere Stunden lang die Transitstrecke nach Helmstedt und Hof für diese Proben gesperrt

Tja und dann ebend mein Erlebnis. Das Musikcorps bei der Parade wurde aus Musikern aller Waffengattungen aus der gesamten DDR zusammengestellt. Es bestand aus rund 250 Mann. Unsere klitzekleine Geschosswerferabteilung 1 aus Klietz, die bei der Parade mit ihren modernen Stalinorgeln mitfuhr, wir waren auch nicht mehr als zweiundertfünfzig Mann, wurde 1985 und 1986 dazu ausbedungen, in der Grenzer-Kaserne in Wilhelmshagen (auf Berliner Gebiet) die Musiker aufzunehmen und zu verköstigen. Dazu zogen, bis auf deren Leitung, die Grenzer zur Übung "ins Feld".
Ich hab meinen Grundwehrdienst in DER Geschosswerferabteilung 1, im Stabsführungszug als Vermesser verbracht. Ich war der einzige in dieser gesamten Geschosswerferabteilung, der das machte. Mir übergeordnet waren, im allgemeinen, und nur im ersten Jahr der Uffz. auf unserem Vermessungsauto, als ich Gefreiter wurde, bekam ich einen Unteroffiziersschüler zur Ausbildung auf das Auto und war damit sein Vorgesetzter und dann hatte ich über mir

nur noch den Stabs-Chef unserer Einheit und unseren Kommandanten in Klietz. Unser Stabsführungszug bestand aus insgesamt 18 Soldaten / Gefreiten und 12 Uffz., sowie einen Oberfeldwebel, der eigentlich nur innerhalb unserer Unterkunft ... es war ein ausgebautes Zweifamilienhaus ... das Sagen hatte, weil alle anderen von uns gleichfalls Offizieren aus dem Stab untergeordnet wurden.

Bei Übungen z.B. bekam ich streng geheime Landkarten und saß im ersten Fahrzeug bei Truppenverlegungen.
Deswegen und weil ich mal Wirtschaftskaufmann, also Buchhaltung, gelernt hatte und weil ich obendrein beim Großhandel gelernt und im Einzelhandel gearbeitet hatte, kannte ich überall die richtigen Leute.
Als nun unsere Einheit für diese zweimal drei Wochen nach Berlin verlegte, waren wir gegenüber dem Großhandel jeweils ein neuer Großkunde. Da waren meine Kontakte für die schnelle Abwicklung aller Formalitäten im Vorfeld schon mal sehr von Vorteil.

Bei den Musikern war es nun so, daß die von ihren Einheiten ihre Zustellungsbefehle zu uns bekamen. Daraus mußte jemand die Essensstärke berechnen, denn der Koch mußte ja wissen, wie viele Portionen er wann wovon zu kochen hatte und diese Menge musste dann auch beim Großhandel bestellt werden. Mussten Berufssoldaten und das waren die Musiker alle, ihre Mahlzeiten sonst selbst bezahlen, so gab es vom Verteidigungsministerium für die an der Parade teilnehmenden einen Essenssatz von, ich glaube 4,50 Mark / Tag. Daher war diese Essenstärke so wichtig. Ständig kamen und gingen Leute oder Musiker wurden krank oder was auch immer. Da ich auch noch aus dem Einzelhandel die entsprechenden Hygienepapiere hatte, konnte ich mich auch selbst, wenn mir mal so war, zum Schrippen schmieren einteilen.

Besonders war, daß ich in dieser Zeit den Posten eines Berufsunteroffiziers einnahm. Deshalb durfte ich z.B. im Speisesaal der Unteroffiziere essen, ich durfte in Wilhelmshagen in der Armee-Verkaufsstelle Schnaps kaufen und während der Arbeit auch Schnaps trinken, wobei ich allerdings die meisten Flaschen einfach nur so hingestellt bekam, und ich hatte als Soldatendienstgrad ein Einzelzimmer. Das war allerdings auch mein Arbeitszimmer. In der Bude, in der sonst Doppelstockbetten für acht Soldaten standen, stand dann nur mein Bett, mein Schrank, ein normaler Esstisch mit meinem Hocker, dazu ein riesiger Schreibtisch, ausgestattet mit Rechenmaschiene, Schreibmaschiene, eigenem internen Telefon, bequemer Schreibtischstuhl, einem Regal mit Aktenordnern und einem weiteren Tisch mit bequemen Bürostühlen für Gäste, denn ich hatte quasi rund um die Uhr Publikumsverkehr. Entsprechend ordentlich auf Kante mußte auch mein Bett sein. Arbeiten durfte ich aber in meiner Felddienstuniform.

Mitten eines schönen Tages bekam ich im Büro einen Anruf des Stabschefs der Grenzer. Der vietnamesische Verteidigungsminister hat einen spontanen Besuch in ebend dieser Kaserne angekündigt und ist gleich da. Ich soll mich unverzüglich in meinem Zimmer einschließen und darf es unter keinen Umständen öffnen. Auch nicht aufs Klo oder zum Essen! Man gibt mir bescheid, wenn der Minister das Objekt wieder verlassen hat.
Nach anderthalb Stunden kam dann die Entwarnung.
Nun ließ sich ein Grenzer in der grauen Ein-Strich-kein-Strich-Uniform kaum von einem Artilleristen wie mir in ebend jener Uniform unterscheiden. Das ging erst auf den zweiten Blick. Aber mir schien damals so, als ginge denen da mit dem vietnamsischen Minister der Arsch auf Grundeis.

*

96

Außerdem sind von mir bisher erschienen:

"Handmade – eigene Handschriften und Zeichnungen" ... nur was für die Fans!

"Radio-Anthologie – OKbeat zum Mitnehmen" – das Beste aus den Sendemanuskripten von 1975 bis September 2020

"Still gestanden! Die Augen links! - mein geheimes NVA-Tagebuch" - autobiografisch – in ein kleines A6-Heftlein hab ich während meines Grundwehrdienstes in der NVA 1985/86 Kurznotizen geschrieben, aus denen ich 2004/05 eine Radioserie machte, aus der ich 2019 ein Buch strickte

"Sommer – zwischen Backhaus und See – Kindheits-erinnerungen" - autobiografisch – es sind meine großen Ferien, die ich in der Kindheit in Mecklenburg verleben konnte.

"Kaufhallengeschichten – Hundegeschichten – Radiogeschichten" – autobiografisch – Jahrzehnte lang war ich im Einzelhandel angestellt und wurde dort letztendlich hinaus gemobbt – weil das Ende so traurig war, hab ich die Geschichten über unseren Familienhund, so sie mir noch nach über dreißig Jahren eingefallen sind, mit dran gehängt, denn allein hätten sie nicht für ein Buch gereicht, aber auch diese endeten traurig, weshalb ich dann die Radiogeschichten mit anhängte, denn seit 1995 mache ich öffentliche Sendungen und dabei ist einiges Lustiges und Bemerkenswertes passiert. Gleichzeitig erzähle ich darin, wie es zu meinen Stadtführungen und zu meinen Lesungen kam und wie diese strukturell aufgebaut sind. … letztendlich ist doch alles nur Radio …

"Zwanzig Fässer Sauerkraut – Teil 1 – Aufbruch in Berlin 1750" und **„Zwanzig Fässer Sauerkraut – Teil 2 – zwischen den Fronten, zwischen den Indianern"** - in dieser Trilogie (der 3. Band ist in Arbeit) geht es um einen Krämerlehrling aus Berlin, den es nach Nordamerika verschlägt. Mit dabei hat er immer frisches Sauerkraut, das ihm als Handelsgut dient. Die einstige Magd seines ehemaligen Dienstherren folgt ihm. Sie treffen auf Leute wie Daniel Boone, leben erst in den Alleghanny's, fliehen dann aber vor dem Krieg zwischen Engländern und Franzosen nach Westen in die Prärie, während es einen ihrer Freunde in die Karibik verschlägt.

„Die weiße Hand im schwarzen Käse - From the Stage" Kurztexte und Gedichte von A – Z - Band 1 - die ersten 100 Texte von A – M"

"Piep-Piep-Piep – From the Stage" Kurztexte und Gedichte A – Z – Band 2 – Texte von N – Z und noch mehr"

In Arbeit: **"Zwanzig Fässer Sauerkraut – Band 3"**, **"Aldebaran – ein Weltraumabenteuer"** (Arbeitstitel), **"Der Mann im Mond"**, **"George Hungerlunds Zeitreisen"** ... außerdem sind in Arbeit die Zusammenstellungen meiner Zeitungstexte ...

Die entsprechenden Links dazu gibt es auf meiner Webseite www.rolfgaensrich.wordpress.com

Schreiben Sie Sich hier einen Liebesbrief:

5,99 €

100